希望のかなたへ

イエス・キリストに出会うために

牛尾 幸生 著

サンパウロ

希望のちから

村口英之

まえがき

二〇一八年六月二十一日、イエズス会の牛尾幸生神父様が帰天いたしました。永遠の安息をお祈りいたします。

牛尾神父様が「家庭の友」誌に連載してくださったのは二〇一七年二月号からのことです。最初のテーマは「教育と家庭の絆」で、十一回書いてくださいました。もともと神言修道会の西経一神父様がこのテーマで書いてくださり、その引き継ぎのような感じでした。牛尾神父様にお願いするようになったのも、とても不思議な出会いからです。

牛尾神父様に初めてお会いしたのは、二〇一五年五月のことです。その年、「家庭の友」の八月号で、平和についての特集記事を準備していて、広島の広島平和記念資料館を訪問し、志賀賢治館長様にインタビューすることになっていました。取材の前日、広島にある聖パウロ女子修道会を訪ね、その修道院に泊めていただきました。翌日の朝、修道院でミサをささげ、その時、ミサの司式をなさったのが牛尾神父様でした。神父様は隣のイエズス会の修道院に住んでいらして、ちょうどその日は、牛尾神父様の当番の日でした。とても丁寧なしぐさが印象的でした。ミサ後、「ごくろうさまでした」とだけおっしゃって、それ以外のことは何も話さず、さっさとイエズス会の修道院の方へ戻られました。広島学院のお仕事があるので、さっさと戻られたのだなあと思いました。後でシスターに伺ったら、「牛尾神父様はよけいなことはおっしゃらないで、とても物静かな神父さまなんですよ」とのことでした。

修道院での朝食の時、シスターに「『家庭の友』の連載で西神父様が執筆してくださっていますが、そろそろ後任を探さないといけないのです。どなたかいないでしょうかね」とさりげなく相談しましたら、シスター方は口をそろえて、牛尾神父様を推薦してくださいました。さらにシスター方は「(牛尾神父様は)ふだんの生活はとても物静かですけど、生徒さんたちや父母の方々にとても人気がありますよ」と教えてくれました。そんなことで、牛尾神父様に相談し、二〇一七年二月号から書いていただくことになりました。最初は、「教育と家庭の絆」というタイトルでしたが、牛尾

まえがき

神父様から「教育というタイトルがついていると、とても狭く感じるので、もっと幅広く書けるテーマはないでしょうか」ということで、「折々の感性」「四季の便り」「希望の彼方《かなた》へ」というテーマを提案しましたら、「『希望の彼方へ』というタイトルがいいなあ」ということで、このテーマで続けて書いてくださることになりました。最後のテーマは「キリストの聖体」でした。本書は二〇一八年九月までの連載をまとめたものです。

牛尾神父様がこの原稿を書かれる時、病床にあって苦しみながら書かれたことを後で伺いました。まさに死を覚悟しながらの執筆だったのだろうなあと思います。最後の箇所で、次のように書いていらっしゃいます。

「この小さなパンがわたしたちを永遠の命の希望の彼方へと導いてくれているのです」と。牛尾神父様ご自身も、永遠の命を待ち望みながら、最期の最期まで、力を振り絞りながら書いてくださったのだと思います。神父様のご配慮に感謝しながら、永遠の安息をお祈りいたします。

編集部

目　次

第二章　希望のかなたへ

＊本書における聖書引用は『聖書新共同訳』（日本聖書協会発行）によっています。

第一章　教育と家庭の絆

1　無条件に愛されることと子どもの成長

現代の教育制度の中で、特に日本社会の特殊な影響を受けた教育環境の中で、子どもたちは、条件つき愛の獲得のために必死です。つまり、「もし、あなたがいい成績をとってくれたなら……」とか、ということで、彼らにとって愛の享受のために値段がついていています。極端に言えば、彼らの価値は彼ら自身の中にあるのではなく、何か別のところにあるかのよう。見栄え、行動、成功、期待されていることをきちっとやっているか、また期待されているようにあるか、と。親や先生のとかく陥りがちなこの条件つき愛によってなされる要求は応諾、協力、従順です。成功すること、よく働くこと、問題を起こさないこと、両親の誇りになること、などなど。要求が大きいほどに子どもたちは失敗し、その失敗は、愛されるために必要な値段を払えなかったことを意味することとなってしまいます。

教育の実践上、罰や報酬は時に必要ですが、根本的に、また最終的には、無条件な愛で支えていることが必要でしょう。でなければ子どもたちは息が詰まってしまいます。われわれにとって、この無条件の愛を実践することはなかなか難しいことです。しかしそれを完全に示された方を知って、その方のすでに歩まれた路《みち》と恵みによってわれわれもその路に入れる希望をもたらしてくれるのが、私はキリスト教ではないかと思っています。神の愛は人間の普通の愛し方とちょっと違っています。神は、人間の中に、その人が以前からもっている善さをご覧になって愛されるのでなく、かえって、人間をまったく無条件に愛されることで、人間の中に善を創造されるのです。つまり、神の愛そのものが、人間をして愛らしいものに造り変えられるのです。誰しも人は、極めてユニークで無条件の価値をもって生まれてきています。われわれ一人ひとりは、人間の歴史においてとりかえることのできない、自身においても繰り返され得ない神秘的な存在です。このような人間に対する神の無条件の愛を語っているのが聖書です。普通のわれわれの生活の中に、またわれわれの生活を通して、静かな心の深みにおいてでなければ見えない、また聞こえない大切なことを共にこれから見つけていきたいと思います。

私の家はもともとキリスト教には関係ありませんでしたが、父が長男である私をイエズス会が運営する六甲学院に入学させ、妹二人にもミッションスクールである海星女子学院に入学させました。このきっかけで、今、私はイエズス会司祭で、母と一人の妹も洗礼を受けています。六甲学院での中一、中二の時、あるブラジル出身の神父が非常に親しく私に心を留めてくれていたのを覚えています。カトリック要理（聖書研究会）のグループによく誘ってくださり、練成会にも、私はよく参加していました。映画『偉大なる生涯の物語』（キリストの生涯）を観に、そのグループで映画館に行ったことも思い出します。その神父は、いつも休み時間には廊下にいて、生徒をつかまえては何かに誘い、また話をしていました。私もその一人だったのですが、とにかく彼は、私という存在をそのまま親しく受け入れてくれていたという感覚を思い出します。神父がマリア様の美しいご絵をくれたことがありましたが、今でも、それは私の実家の部屋の壁に掲げてあります。

中一、中二の時は洗礼とかいうことはまったく考えもしなかったのですが、実際、その神父が六甲学院を去ってから二年目の五月に洗礼を受けました。きっかけは「復活」という言葉に出会ったことですが、まさにその時、キリストの復活という出来事に驚き、自分もこのキリストに従えば復活する、ということに大きな希望を覚え、心が解放されたからです。

私が洗礼を望んだ直接のきっかけは「復活」という言葉でしたが、しかしその土台としては、すでに心に染みこんでいた、あの神父を通して経験していた神の無条件な慈しみのようなものがあったのでしょう。

洗礼式の祝賀会には母も来てくれていましたが、母は、「まだ半信半疑なのですが、このような恵みを頂いたことに感謝しております」と話していました。私は自分が助祭の時に母に洗礼を授け、司祭叙階の時に母は、信徒として私の叙階式に参列してくれました。その母も本当に、母としての無条件さを、しっかり示してくれた人です。確かに良い成績を取れば親は喜びます。悪い成績を取れば悲しみます。しかし、そのもっと奥深いところで信頼する存在であったことは、私の生涯にとって何よりも宝であったのではないかと思います。

教育の現場において、また家庭において、私たちを導く星の輝きは神の無条件な愛であることを意識して、少しでも互いに無条件さを示すことができるよう努めてみましょう。

2　地の塩、世の光

マタイによる福音書の5章から始まるイエスの山上の説教に、「あなたがたは地の塩であり、また世の光である」という有名な箇所があります。今回は、カトリックの学校や、またそれぞれの家庭が、この言葉の世界をどう捉えて生きていけばいいのかを考えてみたいと思います。

「あなたがたは地の塩である」とイエスは弟子たちに言いました。いま、例えば料理に使う塩のことを想像してみましょう。塩味を付けると言われます。ただ、塩味というのは塩そのもののことではなく、何か別の食材が塩によって味つけられ、その食材本来の味を損なわず、むしろ、それを引き立てるものなのです。そのように考えると、「あなたがたは塩である」というのは大変意味深いものとなることでしょう。塩が、ただ多くて塩そのものが前面に出てしまうと、せっかくの食材も台無しになってしまいます。カトリックの学校の生徒、また、関わる家族のメンバー、そしてこの本の読者の方々も、この意味で地の塩となる使命を持つ者であると考えてみれば、少し夢が開かれるのではないでしょうか。他者を真に生かすことができる塩味、他者が喜ぶ、他者が自由にその存在を輝かすことができるように助けることができる人物に成っていく、ということです。あらゆる事柄において、もちろん自分は一生懸命がんばります。しかしそれは、ただ自分が評価され、成功するためではなく、よりよく他者に仕えるためなのです。自分の味はすごいだろうと言って、自分をただ前面に押し出していくことは、他者にとっておいしい料理を味わうというよりも、塩そのものを食べさせられるようなものとなってしまうでしょう。最適な塩味になってみたいと思います。

「あなたがたは世の光である」と言われます。ともし火は闇の中にあってこそ輝きます。闇の中にある人々にとって、そこに何か輝くものがあることを見つけることは、そう難しいことではありません。人々は、そこに何か良いものがあると知って、やって来ます。そしてそこに来れば、そのともし火が周りを照らしているのです。やはりここでも、ともし火は周りの存在を輝かせるためにあるということが大事なのです。自分は自分の力を尽くして、ともし火をともし続けるべきです。しかしそれは、自分を誇示するためではなく、周りの人々がその光を見て喜ぶことができ、温かさを感じ、その人々が輝くためなのです。世の光とは、そのような光なのでしょう。

私たちは、互いにこのような「地の塩、世の光」となることができれば、本当に幸いだと思います。

さて、私の勤める学校では、フィリピンにある姉妹校と国際交流をしていますが、夏休みにこちらから生徒十五人ほどのグループでフィリピンを訪問して、姉妹校の生徒の家庭にホームステイして、学校の授業や行事などに参加し、またマザー・テレサの施設やハンセン病療養所などを慰問します。訪問することはすばらしい経験で、帰国した彼らは、いずれも「仕える者」としての良きリーダーとなっていきますが、フィリピンの生徒たちを全力のホスピタリティーで受け入れることも、大変貴重な経験となります。来日する生徒は日本語がほとんどできないし、生活のさまざまな習慣も違います。ですから、ホストとなる家族はある意味で二十四時間態勢で心遣いをして、お世話をします。滞在中のほとんどの時間を相手のために差し出しますので、けっこう大変です。食べ物は何がいいだろうか、とか、休みの日にはどこに連れて行けば喜んでくれるだろうか、何か足りない物はないだろうか、とか。家庭によってはコミュニケーションの取り方が難しい場合もあります。でも家族揃って全身全霊でお世話をし尽くせば、終わったとき大きな喜びがあります。その喜びは、ほとんどの場合、別れのときの大粒の涙で表されると言えます。そしてホストとなった生徒だけではなくて、その家族内においても、お互いに新しさを発見したり、新しい絆を獲得することもあります。そういう意味では、すばらしい経験と実りを実感するわけですが、最初に言いました「地の塩、世の光である」ことの具体性が、このような経験を通して本当に身につくのかもしれません。

カトリックの学校の塩味、それは各校に共通したものがあるでしょう。また各校それぞれに特徴のある塩味があることでしょう。あるいは上述のような経験をした個人、また家庭は、こんな塩味がある、と発見したかもしれません。

自分の、また自分が属する共同体の塩味は何か、時々はそれを考え、また具体的に経験するために何をすればよいのか識別して、実践できるように努めたいものです。

福音では、「塩に塩気がなくなれば、その塩は何の役にも立たず、外に投げ捨てられ、人々に踏みつけられるだけである」と書かれています。厳しい言葉ですが、それを失ってしまえば、その主体のアイデンティティーをも失ってしまうほどの大切なものなのです。自分の、また共同体の塩味をしっかり持って、どのような場合にもそれを展開していくことができる恵みを願いたいと思います。そしてそのような心意気こそが周りを真に照らしていく光となることができるのでしょう。

3　教育と養成——Holistic Formation——

数年前、私たち日本の姉妹校の宗教・倫理などの先生方のための教育研修会が、マニラの姉妹校キャンパスで行われました。会場はＥＡＰＩ（East Asian Pastoral Institute）で、所長の Arthur Leger 神父によるワークショップでした。今回は、そのとき印象深かったことを述べてみたいと思います。

最初に、神父は Education と Formation の違いについて語ってくれました。日本語と英語は、その言葉のニュアンスに違いがあるので、英語で表現されると、改めてその言葉の示す内容の大切さにハッとする経験があります。Education は知的な作業に重点があり、どちらかというと、頭から手に向けての動きで、目的も仕事を志向する、と。Formation は全人間的で、人間の「心」に重心があり、「心」から手に向かう動き、「心」が養われ、人格が育てられ、奉仕することを志向する、というわけです。教師は本来この両方を実践していかなければなりませんが、普段どちらかというと、Education の方に偏りがちです。そのため、学校などで、どのように Formation に力を入れるかが大事であるということでした。試験があるから勉強するのではなく、本当にその課題を研究すること自体が喜びだから勉強をし、どんな科目でも心に触れていく工夫をすることが大切だということでしょう。

次に、アジア・太平洋地域のイエズス会の学校において、困難さやチャレンジが感じられている問題が幾つかあるが、どのような問題を日本の姉妹校も同じように感じているのか、ということで、二つの課題が提示されました。まずは、カトリックの学校、イエズス会の学校としてのアイデンティティーの充実と維持、表現に困難さを感じるというものでした。二つ目は現代社会の世俗化、物質的価値志向にどう対処していくのかに困難さを感じるということでした。

アイデンティティーの課題について、神父は、Collaboration と Partnership が大切であるとしました。協力、協働するほどに自己のアイデンティティーも明確になるもの。他の人と協力することによってこそ、自己のアイデンティティーは強くなり、共同体のアイデンティティーも充実するというわけです。

そして、世俗化への対応は、Holistic Formation（全人間的養成）です。これについては、私も今まで意識してきたつもりでしたが、そのとき、また改めてその重大さを考えさせられました。インターネットに始まる現代のグローバルなコンテキストの中で、世界は新消費主義に蝕《むしば》まれている感じがします。だからこそHolistic Formationが必要であるということ。状況をよく見て、観察し、省察（Reflection）し、本当に大切なことは何なのかを判断し、そして正しい行動へと推し進めていくことです。さらにその結果に評価を加えていきます。また、行動がなければ省察は実際には終わっていないという指摘にも新たな気づきがありました。Leger神父は以上のパラダイムによってフロンティアを目指そうと言いましたが、まず最初のフロンティアは自分の心の奥へと向かうこと、また普段の私たちの生活、家庭、仕事の中にフロンティアはあるとも話してくれたことが、記憶に鮮やかです。

さて、日曜日はワークショップも一休みで、日本のある姉妹校のI先生と共に、郊外の教会を訪ねることになりました。Montalbanという EAPI から一時間以上北へ車で行ったところです。斜面に沿った石の階段がベンチとなった結構大きな教会でした。着いてすぐに、エリちゃんという少女が近づいてきて、親しくいろいろ話をし、説明をしてくれました。またアベルという男性も、日本に行ったことがあるよ、と言って、ミサの間、傍らにいて、日本語を交えて説明してくれました。ミサは全部フィリピン語だったので、私たちはほとんど理解できませんでしたが、司祭は説教のとき、かなり参列者を笑わせていて、ユーモアたっぷりの神父だなと思っていました。アベルによると、何か述べた後、必ずその面白い例を皆に話して聞かせていたということです。また歌も豊富で、信仰宣言でさえも楽しい雰囲気で、みんな手を叩きながら歌っていました。ミサが終わってから、アベルが、ぜひ自分の家に遊びに来てほしいというので、訪ねさせてもらいました。エリちゃんも一緒でした。彼は家に着くと、すぐにお母さんと一緒に料理を始め、私たちに日本のお米のご飯と、焼きそば、ソーセージなどを振る舞ってくれました。エリちゃんは、I先生と楽しく会話し、I先生も本当にリラックスしていました。突然訪ねた私たちを、本当に温かく迎えてくれた人々です。今でも、その情景は脳裏に焼き付いています。

先にも書きましたが、フィリピンはすでに、それまでに生徒を連れて何回か来ていましたので、そのホスピタリティーの自然な温かさは格別だと経験していました。そしてこのときも、改めてそれを肌に感じることができたのです。

フィリピンの家庭、少なくとも私の出会った家庭は、Holistic Formationがある意味で自然にできていると言えるのかもしれません。

家庭でも、学校でも、何かやれることはこれからもいっぱいあるように思いました。

いざフロンティアへ。

4　聖母マリアと家庭

まずは、福音書の「マリアへのお告げ」の場面を読んでみましょう。ルカによる福音書の1章26節から38節です。

「六か月目に、天使ガブリエルは、ナザレというガリラヤの町に神から遣わされた。ダビデ家のヨセフという人のいいなずけであるおとめのところに遣わされたのである。そのおとめの名はマリアといった。天使は、彼女のところに来て言った。『おめでとう、恵まれた方。主があなたと共におられる』。マリアはこの言葉に戸惑い、いったいこの挨拶は何のことかと考え込んだ。すると、天使は言った。『マリア、恐れることはない。あなたは神から恵みをいただいた。あなたは身ごもって男の子を産むが、その子をイエスと名付けなさい。その子は偉大な人になり、いと高き方の子と言われる。神である主は、彼に父ダビデの王座をくださる。彼は永遠にヤコブの家を治め、その支配は終わることがない』。マリアは天使に言った。『どうして、そのようなことがありえましょうか。わたしは男の人を知りませんのに』。天使は答えた。『聖霊があなたに降り、いと高き方の力があなたを包む。だから、生まれる子は聖なる者、神の子と呼ばれる。あなたの親類のエリサベトも、年をとっているが、男の子を身ごもっている。不妊の女と言われていたのに、もう六か月になっている。神にできないことは何一つない』。マリアは言った。『わたしは主のはしためです。お言葉どおり、この身に成りますように』。そこで、天使は去って行った」。

天使ガブリエルは最後に「神にできないことは何一つない」と言います。この言葉を確実に受け取ったマリアでした。まだ分からないことは多いけれど、「これだ！……」と、しっかり天使の言葉をつかみ取ったのです。マリアは「どうして、そのようなことがありえましょうか。……」とは言ったのですが、その内容は「どのようにして、それが起こるのでしょうか」と解釈した方がふさわしいと思われます。そして心からの言葉がほとばしり出ます。「わたしは主のはしためです。お言葉どおり、この身に成りますように」と。聖母マリアが永遠にたたえられ、神の母とされるその最も大切な理由は、マリアの神に対する深い信頼、完全なまでの心の開き、その信仰にあります。最も謙遜な心で神の前に貧しくあったマリアです。

愛する者が、愛される者に求めることは、才能、能力、功績などよりも、まずは心を相手に開いてくれている信頼です。信頼してくれていることが分かるだけで十分です。愛する者は、愛される者によってその愛が全面的に受け入れられ、ただ、「はい！」と言われるだけで、大きな喜びを感じます。そしてその信頼が分かるほどに、愛する者は自由にその人に働きかけることができます。そして、そのとき、新しいものが、愛と、それに信頼で応える者との間に生み出されます。まさにこのようにして、愛する者は、愛される者を造り上げていくとも言えるでしょう。

マリアの神への信頼と、心の広さは最高のものでした。ですから、神も、マリアに最高の業を成すことがおできになりました。神として、それ以上のものはない存在と言えば、すなわち神の独り子、救い主イエス・キリストです。そうして神はマリアにイエス・キリストを宿らせられたのです。神の愛とそれに対するマリアの自由な信仰の応えの結晶として、御子《みこ》イエスが宿り、誕生したのです。「信仰」というものが、人間の自由においてこそ成立しているものであることを考えると、マリアがどれほどすばらしい人であったかが分かります。人間として疑うこともできたかもしれません。しかしマリアは完全に信じました。どのようにそれが成就していくか分からなかったかもしれません。しかし、信じきったマリアです。それだけにマリアはすばらしく、その貧しさ、謙虚さゆえに幸いだったのです。

こうして神はどれだけ人間を愛し、尊重しておられるかをお示しになられました。このように、ご自身の救いの業に人間を十全に参与させられました。キリストの誕生はマリアの自由を通してなのです。柔和で謙遜な信仰は神のみ心を引き寄せます。まさにマリアの心は私たちの道標だと言えるでしょう。

この福音の後、マリアはエリサベトを訪問します。天使のお告げの中での「親類のエリサベトも、……男の子を身ごもっている。……もう六か月になっている」という言葉を聞き、自分には受胎告知によって大変なことが起きようとしているのに、エリサベトが身ごもって六か月になっていると知り、急いで山里に向かい、エリサベトを助けます。そこでマリアはエリサベトから祝福されます。その理由は「主がおっしゃったことは必ず実現すると信じた方は」、本当に幸いだからです。エリサベトによってもマリアの幸いの根拠がこのようにはっきりしています。同時にマリアの行いが、私たちに大切なことを教えてくれています。マリアはじっと出来事を思いめぐらして神のみ旨を探し求めていますが、でも今の神の望みが何であるか、はっきりした時には、自分の状況を顧みず、ためらうことなくすぐに実行しています。その意味でマリアは最高のキリストの弟子であると言えるでしょう。

家庭の母は、このようなマリアの姿を道標として、父は養父ヨセフを模範として、子は、すべてを御父のみ旨を果たすため、人々の救いのためにささげられたイエスの弟子であるべく生きていくことができるように、主の恵みを願いたいと思います。マリアが示されたように、それは細やかな日常から始まるものです。

5　放蕩息子のたとえ話と私たち

ルカによる福音書15章に、福音書中の真珠であると言われている「放蕩《ほうとう》息子のたとえ話」があります。非常に豊かな内容を持つ福音ですが、今回は「父と放蕩息子」（11～24節）の物語から、家族同士の関わりなどについて大切なことを考えてみたいと思います。

弟の方が父親に、「お父さん、わたしが頂くことになっている財産の分け前をください」と言ってから、父はあまりにも寛大にその財産を与え、息子を尊重する姿を見せています。というのも、当時の律法上この息子の要求は不当でした。つまり、長兄が他の者の二倍を受けるはずですし、父が生きている間は、まだ所有権はなかったのです。

ここで「財産」と訳されている言葉は、ギリシャ語で「ビオス」と言い、「命」という意味合いを持った言葉です。したがって、父はその財産を通して大切な自分の命を弟に分けてやったとも言えます。まったく条件を付けずに、父はいつでも子に自分の命と心を与えようとしておられるということでしょう。しかし、弟はそれを湯水のように使い果たしてしまい、奈落へと転落してしまった悲劇です。

弟はいったい父から何を頂いていたのか分かっていなかった。異国の地、豚の世話をするのは、律法的にも許されず、もうどん底まで自分を落としてしまったことになります。ユダヤ人としていわゆる穢《けが》れを受けたとも言えるところまで来ています。父の命を無駄に使ってしまい、本当の乏しさを味わいます。この状況でいったい誰がそれを助けうるでしょう。金のあるうちは、人々は彼を喜んで歓迎し、楽しませたでしょう。しかし、いったん金がなくなってからはいなご豆さえ与えられず、もう必要のない人間、どうでもよい、うるさい、ということだったのでしょう。弟はまさに限界状況に至りました。

そして、彼は初めてわれに返ったのです。本当の自分の姿、現実がはっきり分かりました。自分が受けていた命は何だったのか、父の命を離れては何もないことが分かったのです。人間の悲しさですが、ともかくもここで彼の回心が始まります。

しかし実に、回心の気持ちは湧いたけれど、家までは遠いのです。回心が実現するためには、決して本人だけではできません。回心は神自らの助けなしには不可能なのです。まだ遠く離れていたのに、彼を先に見つけたのは父です。罪に慣れてしまったとき、ないし一大回心のとき、人間は疲れきっているのが常です。父はそれを支えます。先に行って抱きます。回心を助ける父です。「遠く離れていたのに、父親は息子を見つけて、憐れに思い、走り寄って首を抱き、接吻した」と。これは、弟が何か言うのを待たず、父が先に、全部しました。さらに息子が何か言おうとしても、それを全部言い終わらないうちに、父の愛はたたみかけるように、一方的になされます。「急いで、良い服、指輪、履物、子牛」と。「死んでいたのに生き返り、いなくなっていたのに見つかったのだから」と、父は最大限にその喜びを表します。「毎日おまえを見つけるために高台に登っていた」、「おまえを息子でないと考えたことなどない」と。どうしても失いたくない父の心、かけがえのない父と子の絆です。息子はどれほどの喜びを感じたことでしょう。もう決してこの父の愛を離したくない、父の命をいつも受けていたいと思ったことでしょう。どん底まで落ちてしまったけれども、それによって本当の父の愛、心が分かった、もう決して離さない、しっかりと父の愛を胸に抱いて、新しく生き続けたことでしょう。

回心の後は、以前よりもその絆は堅固なものとなります。前よりも一段高い段階へと引き上げられます。ここが大事です。たぶん父が叱っていたり、何か条件を付けたりすれば、息子の回心は完成しなかったかもしれません。「ごめんなさい」にはプロセスがあります。最初から最後まで助けられて回心は完成します。

以上から、愛と赦しは「新しい創造」であると言えるでしょう。この物語の息子は、この経験を通して新たな父を頂くことができました。それまでは本当の父の姿を分かっていなかったのですから。また、父の方も新しく息子を得ることができたのです。この出来事を通して、息子はまさに新しく生き返ったのですから。

この物語の父は「父なる神」を示していて、私たちも、この神の子どもとして神からこのように愛され、赦されていることをしっかり味わいたいものです。そして私たちも、家族同士やさまざまな関係で、互いに「赦し」ということについて、何回我慢すればよいのだろうと考えてしまうような赦しではなく、新しい絆を獲得する大切な機会であると意識できるようになれば幸いだと思います。そして、回心にはプロセスがあります。ゆっくり互いに相手を見守ることができ、双方が新しい世界へと引き上げられる希望を失わないようにいたしましょう。

6　新しいキリストの家族

自分が属している会のことを話すのは、おこがましいのですが、イエズス会創立時の会の名称についてのエピソードを参考に、私たちが新しいキリストの家族へと招かれていることについて考えてみたいと思います。

イエズス会の創立者イグナチオ・デ・ロヨラは、その創立が教皇パウロ三世に正式認可される一五四〇年九月より数年前に、同志十人を、新たな同志を得るためにイタリア東北部のヴィチェンツァから大学のある町々へと派遣したことがありました。イグナチオもファーブルとライネスという同志と共にローマに赴きました。その時、事前に、行く先で、人々から「あなたたちは一体誰なのですか？」と問われたら、何と答えればよいのかを話し合い、「私たちはイエズス会の者です、と答えよう」と決めたのです。コンパニィア・デ・ヘスス、「イエスの仲間」という名です。イエスの友とまで言ってもよいかもしれませんが、その経緯は次のようなことからです。

イグナチオはローマへ向かう途中、「ストルタの示現」と呼ばれる啓示を受けます。つまり、ある意味で神様から直接、大切なことを知らされる経験をします。それは「父なる神が自分（イグナチオ）を、御子キリストと一緒に置いてくださるのを見た」ということと、「私は十字架を背に坂道を行くキリストと、父なる神がキリストに話しかけておられるのを見たような気がする。神はキリストに私イグナチオを、キリストに仕えるものとするようにと言われた。そしてイエスはそれを受けて、『あなたは神と私イエスに仕えるものとなるように』と言われた」というものでした。このようにイグナチオはこの時、「キリストと共に置かれた」という「一致の神秘」に招かれたことを実感しただけでなく、生涯を神への奉仕にささげるようにという「奉仕の神秘」にも招かれたわけです。この体験からイグナチオは、彼が創立しようとしていた会が、そのすべてをキリストにささげることを望み、よって会の名前にキリストの御名を付けることに決めたのです。日本語ではイエズス会（英語ではSociety of Jesus）ですが、その意味はイエスの仲間ということです。イエスの仲間、友となり、十字架の旗のもとに、神のために、また人々の善と真の幸福、永遠のいのちのために奉仕することが、イエズス会創立の目的です。そこで、「仲間」、「友」という意味と、その深さと広がりを考えてみたいと思います。

人間の絆という観点で、その堅固さを表しうる言葉は「家族」だと思います。「家族」の愛は、普通の私たちの経験でもその絆は堅固で、一番深いもののように感じられますし、実際に家族の愛は、本当に人間生活の礎《いしずえ》です。しかし、血のつながりのない、確証もない、相手が拒めば関係すら簡単に断ち切られる、不確実な、裏切られる可能性をも秘めた愛、それが友の愛です。イエス自身最後には最愛の友、弟子たちから結局さまざまな仕方で裏切られてしまいます。しかし、彼はそれでも愛し抜きました。彼らのために十字架上で命をささげたのです。イエスが私たちに伝えたかった愛は、血のつながりを超えて、いつ裏切られるか分からない不確実な愛を、それでも信頼して愛する愛だったのでしょう。だからこそ本当にそこに真実の愛が実現するのです。

イグナチオはあえて、そんな愛を実現するために、自らの会にコンパニィア・デ・ヘスス、「イエスの仲間・友」という名前を付けたのではないか、という思いさえします。家族的関係を超え、困難を伴う、不確実な愛、それでも信頼することを徹底して成り立つ真実な愛を目指して突き進むために。

マルコによる福音書の３章31〜35節に次のような箇所があります。「イエスの母と兄弟たちが来て外に立ち、人をやってイエスを呼ばせた。大勢の人が、イエスの周りに座っていた。『御覧なさい。母上と兄弟姉妹がたが外であなたを捜しておられます』と知らされると、イエスは、『わたしの母、わたしの兄弟とはだれか』と答え、周りに座っている人々を見回して言われた。『見なさい。ここにわたしの母、わたしの兄弟がいる。神の御心を行う人こそ、わたしの兄弟、姉妹、また母なのだ』」。

ここで、明らかにキリストはご自分の新しい家族を造りあげることを意図しておられます。血筋による家族ではなく、キリストの言葉を聞き、神の御心を行う人こそご自分の新しい家族であり、兄弟であり、母であるとはっきり言われます。イエスの最初の答えを聞くと、少々冷たくも聞こえますが、実はそうではありません。なぜなら、母マリアは主の言葉を真剣に聞き、神の御心を最高に行った方なのですから。イエスの言葉は冷たさではなく、マリアに対する賛辞と取れるのです。

二年ほど前、私が勤める広島学院のクリスマス会で、中三のある生徒とそのお母さんが一緒に洗礼を受けるという恵みを頂いたことがあります。洗礼式の時は、本当にうれしく、心が温かくなる思いがしました。血縁の家族が、まさに新しいキリストの家族へと変容された場面を実際に経験できたのですから。その二人は今も私の聖書研究会に参加し続けていますが、見ていて羨ましいほどです。

イエスは私たちを「友」(ヨハネ15・14〜15)とさえ呼んでくださる恵みを与えてくださっています。その喜びを味わうために、私たちの方からも主と一致し、共に神と人々に仕えることができるよう聖霊の導きを願いましょう。

7　神の似姿である人間

私たち人間は、いつも喜んで、満足し、楽しく過ごしているわけではありません。むしろ悩みも多く、不安であったり、孤独であったり、空しさを感じたりすることの方が多いでしょう。しかし、これらの一見否定的に見える人間の特徴は、実はその究極的な原因を人間の「尊厳性」、その高貴さに負っているのです。パスカルの有名な言葉に、「人間は一つの葦《あし》、自然のうち最も脆《もろ》きものにすぎない。しかし、彼は考える葦である。一つの水滴でも彼を殺すには十分である。しかし、宇宙が彼を潰すような場合にも、人間は彼を殺すところのものよりもなお、はるかに貴い。なぜなら彼はそのことを識《し》ることができ、宇宙はそれについて何事も識らないからである。人間は人間を限りなく超える可能性が与えられている」とあります。人間は自然のうち最も脆きものの一つにすぎないのに、人間であるが故に実は人間以上のものを内に抱え背負っているとも言えるでしょう。この人間以上のものとは、それは「無限」、「永遠」という言葉でその特徴が表されるところの「神」と関わる事柄です。

旧約聖書の創世記1章26～27節では、人間の創造について次のように書かれています。「神は言われた。『我々にかたどり、我々に似せて、人を造ろう。そして海の魚、空の鳥、家畜、地の獣、地を這うものすべてを支配させよう。』神はご自分にかたどって人を創造された。神にかたどって創造された。男と女に創造された」と。人間が神の似姿として造られているというこの言葉は、よく考えますと驚くべき事柄でしょう。つまり、自然的には土から造られた一つの弱い脆きものにすぎないけれど、全存在的に人間を見たとき、その内に無限と永遠性を抱えているということです。なぜなのでしょうか。

それは、人間の創造が神の愛ゆえだからです。神は愛そのものでありますし、そしてその「愛」が本当に愛ならば、それは自己に閉じこもることはできません。あふれかえるものであり、与えるものです。神はその愛のあふれから人間を創造されたのです。神の愛を受け止め、自由にその愛に応え、自らも愛することができる存在が必要だった。それが人間です。自由な人格でなければ、信仰し、真に愛することは不可能です。ですから人間の自由は神から愛されていることのしるしでもあるでしょう。このように、神の愛に、愛で答えることができるために、人間はその人格において、無限性、永遠性への開き、望みが与えられているのだと思います。

具体的には、まず真理について、人間は無限に永遠なる真理を求める望みを持っています。脆き存在ですから真理探究の達成範囲には限界があるとしても、その望む地平は無制約です。そして善《ぜん》については、無限にどこまでもより善いことを実践していきたい、善さを限りなく求めたいという望みがあります。愛についても、無条件に愛され、また愛したいという望みを持っています。無限な地平で永遠の愛を求めています。またそれは聖なるもの、永遠なる存在への憧れともなって表現されます。

これらが意識的、あるいは無意識的に達成されず、また達成途上であるが故に、人間は不安であり、孤独であり、また悩み、むなしく感じ、欲求不満の現象を経験するのだと思います。特に「孤独」とは、人間が一人格として自由に愛し、信仰することができるからこその特徴です。神は私たちをその偉大な尊厳において創造されました。そのしるしが私たちの自由です。その自由とは私たちが真実に愛することができるためなのです。

このように人間は神とも同じ舞台に立って交わることができるほどの無限で永遠な存在の地平を内に秘めています。普通の生活経験において人間はある程度、これらの要求の充足を得ることもあります。家族愛、友情、仕事、奉仕、さまざまな活動を通して象徴的に永遠の憧れへ向かう道を確認してはいます。しかし、究極的な満たしは、神的な存在に依らなければ達成されることはないのでしょう。だから人生はそこに至る旅路であり、不安、孤独、悩み、空しさ、欲求不満などを感じることは逆説的ですが、世界と神と共にある真の幸福への希望の光なのです。それほどに人間存在は高貴で神聖なものであると言えるでしょう。

初期キリスト教会の教父アウグスチヌス（三五四～四三〇年）は『告白』で次のように述懐しています。「偉大なるかな、主よ。まことにほむべきかな。汝の力は大きく、その知恵ははかりしれない。しかも、人間は、小さいながらもあなたの被造物の一つとして、あなたをたたえようとします。それは、おのが死の性を身に負い、おのが罪のしるしと、あなたが『たかぶる者をしりぞけたもう』ことのしるしを、身に負うてさまよう人間です。それにもかかわらず人間は、小さいながらも被造物の一つとして、あなたをたたえようとするのです。喜んで、たたえずにはいられない気持ちにかきたてる者、それはあなたです。あなたは私たちを、ご自分に向けてお造りになりました。ですから私たちの心は、あなたのうちに憩うまで、安らぎを得ることができないのです」。まさに神の似姿として造られた人間の神秘を語るアウグスチヌスです。

家族としても、また共同体としても、私たちはその永遠への旅路において、さまざまな試練に遭遇することも多いでしょう。しかし、悩みを経験することを、人間として互いに成長する希望の光として捉えてみるのは大事な道かもしれません。

8　信仰宣言と追悼

キリスト教の信仰宣言に「……死者のうちから復活して、父の右におられる主イエス・キリストを信じます。聖霊を信じ、聖なる普遍の教会、聖徒の交わり、罪の赦し、からだの復活、永遠のいのちを信じます」という箇所があります。この「からだの復活」という信仰はキリスト教独特のものと言えるでしょう。まずは、どうして「からだの復活」というのか考えてみます。

私たち人間は、霊魂とからだが分かれて存在するとは言えないと思います。むしろ一個の人格としてこのからだにおいて働き、愛し、人々に尽くすのです。私たちが、この手や足を使って働き築き上げてきたこと、自分の感情や思いをこめて求め愛してきたこと、それらすべてがむだではなく、私の命を構成するものとして完成し、そして変容される。このような確信が、「からだの復活」という言葉に込められているのではないでしょうか。

そしてこの「からだの復活」は、キリストの復活によりどころを持っているのです。キリストにおいては、生涯の一瞬たりとも自分のためのものはありませんでした。彼の関心は、ただただ父なる神の思い、つまり人々を愛し、救うことだけにありました。すべては私たち一人ひとりの救いへとささげられた生涯であり、またそれは義務でもなく、人類の代わりのいけにえとしてという考えをも超えたところの、ただただ彼の愛からであったのです。愛ゆえに彼は十字架上での死を引き受けられたのです。ですからキリストによって人間の死の意味はまったく変えられたと言えるでしょう。

人はこの世に生き始めるとき、すでに死に向かう過程を歩み出しているのは否定することのできない事実です。ある哲学者は、人間を「死に向かう存在」と定義していますす。人は生きている限り、自分の死から根本的に規定されているということなのでしょう。

しかし、キリストにおいては、その死は愛ゆえの死なのです。彼は、人間の死に積極的な意味を与えました。彼自身がヨハネによる福音書で次のように言っている箇所があります。「一粒の麦は、地に落ちて死ななければ、一粒のままである。だが、死ねば多くの実を結ぶ」と。自分を自分のために守ってしまうと、腐ってしまう、でも自らを大地に投げ出して死ねば、新しい芽を吹いて、大自然の糧を存分に受け、豊かにすばらしい実をもたらすことができる、ということなのでしょう。生は死につながっているが、しかし、人は死ぬことを通して本当に生きることになります。

実に父なる神はキリストの生涯、その愛によってささげられたすべてを受け取られて彼を復活させられました。そしてその復活のからだにおいて最も輝いているのは、彼が最も愛したしるしである傷跡でしょう。十字架に釘付けにされた手の傷跡、槍で貫かれた脇腹、茨の冠を被せられたその額の傷跡でしょう。復活の栄光においてそのからだは真に愛したことが最も輝いているのです。私たちの信仰の希望は、この復活されたキリストにあり、そのキリストは「人間性」を完成された形で保持されているということにあります。人間はキリストによってそこまで高められているのです。人間はキリストによって父なる神にしっかりと抱かれているという現実が私たちに永遠の命への希望を与えてくれます。

次に、「聖徒の交わり」という言葉も信仰宣言にあります。これは、私たちが死者のために祈り、また死者が神のもとにあって私たちを見守って祈ってくれているという願いに関わることでもあると思います。

私たちは、親しい人の死に直面すると、悲しさ、喪失感を覚えます。特に家族とか深く愛した人の死は長い期間にわたる悲しみと寂しさに導かれることもあります。しかし祈ることによって、新たな絆が生まれてくるのではないでしょうか。もはや見ることも、触れることもできない亡くなられた方々に対して、私たちができることは、祈りを通して記憶し続けることだと思います。それによって、その人は私たちの中で生き続け、その人もまた、神のもとで私たちのために祈ってくださることによって相互の絆が創り上げられていくのでしょう。その絆は頭であるキリストによって一致させられていくのです。

「追悼する」とは、実はその絆を結び合う大切な機会なのでしょう。祈り続けることによって、相互の絆と和解が深められていきます。和解が達成されずにお別れをしなければならなかった経験も私たちにはあるかもしれません。でもこの祈ることによってその和解は、ゆっくりと成就していくのではないでしょうか。聖徒の交わりとはこのようなことでもあると言えます。そしてこの根拠もやはり、最初に述べたキリストの復活にあります。

キリストはおっしゃってくださいました。「わたしをお遣わしになった方の御心とは、わたしに与えてくださった人を一人も失わないで、終わりの日に復活させることである。わたしの父の御心は、子を見て信じる者が皆永遠の命を得ることであり、わたしがその人を終わりの日に復活させることだからである」と。

亡くなった人々が今もニコニコしながら話しかけてくる姿を、私たちは、ただの過去の幻影とは思っていないのです。その方々のために私たちは心からの祈りをささげたいと思います。

9　主のご降誕

「マリアは月が満ちて、初めての子を産み、布にくるんで飼い葉桶に寝かせた」（ルカ2・6〜7）。十三世紀、アシジの聖フランシスコは、小さな馬小屋を作り、この出来事を、心をこめて記念しました。馬小屋がクリスマスの習慣として広がったのは、それ以来だと言われています。

ほの明かりの中で、わらの上に横たわる幼子キリスト――それを見つめ、見守る中に、クリスマスの心があります。

マタイによる福音書（2・1〜11）では、東方からの三人の博士が星に導かれて幼子イエス、ユダヤ人の王として生まれた方を拝みに来ます。彼らを導く星は華やかな首都エルサレムでは姿を消し、近くの小さな町ベツレヘム、しかもその郊外で光を増しました。ユダヤ人が預言し、熱烈に期待していたメシアは、当時の主立《おもだ》った人々からは隠され、ひっそりと誕生しました。神の子が人となられたという、人間の歴史の中での最も大切なことは、ほとんどの人々には知られずに起こったのです。三人の博士を導いた星、神の示す星の光が私たちをどこへ導かれるのか、静かに考えたいと思います。

クリスマスから年末へと、私たちは慌ただしい中にも、友人への思い、家族への思いを深める機会に恵まれます。クリスマスカードや年賀状を書きながら、自分にとって大切な人を思い浮かべ、感謝をし、平和と喜びへの願いを新たにします。その思いを深めるためにも、ご降誕の出来事から神様の心を味わってみましょう。

神は、長い旧約の歴史を通して、人類のすべてを引き受けられ、救いの出来事の準備をされました。イスラエルの民がどれほど不忠実であっても、神は徹頭徹尾忠実であり続け、愛と赦しと救いの約束を守り通されたのです。主キリストの誕生と彼の救いの業はその頂点であり、神の心そのものであったのです。

神のなさり方は非常に丁寧で愛情深いものです。人間のすべてを引き受けられる仕方で主は来られました。人間的権力の象徴である当時の皇帝などとは対照的に、王たる主キリスト・イエスは、旅の途中、飼い葉桶の中に、ひっそりと来られました。なぜなら彼らは貧しくて宿が取れなかったし、また宿を要求しなかったのです。主は、このようにして世の中に入って来られました。多くの人が気が付かない仕方で、静かに貧しく生まれたのです。弱くて壊れやすく、小さな幼子として、貧しく素朴な、マリアとヨセフの家庭に生まれました。このように、神は、イエスの誕生のときから、しっかりと人間を、その底辺から抱いておられたのです。世にたたえられる皇帝のようにではなく、真の王はまことに貧しく生まれました。天使はその貧しさがしるしだと言うのです。飼い葉桶に寝かされているのが主キリストのしるしであると。そしてまた、それがまず誰に知らされたかというと、平凡な庶民、羊飼いだったのです。羊飼いは、安息日だけ羊を放っておくことはできないので、彼らは、当時の律法を、その生活状況から守り得ない人々だったでしょう。貧しく、イスラエルの主立った人々からは差別されながらも、誠実に毎日を生きた羊飼い。そういう羊飼いにこそ王たるキリストの誕生が最初に知らされました。そしてまた、真理に忠実であった東方の博士たちには、輝く真理の星のもとに知らされたのです。

マリア、ヨセフ、羊飼いたち、博士たちと共に、私たちもそこに登場してみたいと思います。そこに、馬小屋に一緒に居て、観て、ただその情景を共に味わってみたいと思います。純粋な、素直な心で、またそう願いながら眺めてみましょう。皆、幼子の不思議さに心打たれて見ています。布にくるまれて飼い葉桶に寝かされているその幼子は、この世でいちばん弱い存在、無力と無防備の典型とも言えるでしょう。しゃべることもできず、ただそこに寝て、喜んでいる幼子、この世に生まれてきたうれしさゆえ、何の不平もなく、喜んでそこにいて笑っている幼子です。パウロは、「主は富んでおられたのに、あなたがたのために貧しくなられた」とコリント人への手紙で書いています。己を無とされた主です。神の真実の愛の実現がそこに始まった、その神の喜ばれている表情がこの幼子に映っています。Deus semper major.（神は常により偉大）とは聖アウグスチヌス以来言われる言葉ですが、逆にDeus semper minor.（神は常により小さく）とも言えるのではないでしょうか。飼い葉桶から十字架に至るキリストの路について考えてみれば、まさにそのように言うことができます。小さき弱きもののために小さき弱きものとなられた主です。でもそれこそ神の愛の強さでした。神の愛の計りがたさを心に留めたいと思います。

命の尊さがその幼子の静かな輝きによって示されています。誰でも、幼子には近づくことができます。素直にありのままの姿で近づけます。そして幼子は誰でも迎えてくれるのです。断らないし、また断ることはできないのです。じっと見ていると、人の心は温かくなり、固さが緩《ゆる》んできます。幼子の光は静かにすべてを照らし、分け隔《へだ》てなく、すべての人に、心配せずに来なさい、と呼び掛けています。まさに、「わたしは人々を照らす光、生けるパン、神の命である」と。永遠の命の喜びのために来られたキリストです。

ご降誕をお祝いしていただく恵みの一つは、私たちが現実の生活の中で、幼子にお会いし、幼子を抱かせていただくために、神様にお会いするために、どこに行って、どうすればよいのかが分かることです。その場所は、この世の中で実はたくさんあります。貧しく、弱く、小さい人々のところに神はおられます。近くに、普段気がつかないところに。

小さき人々に仕える恵みを幼子キリストに願いたいと思います。キリストご自身が歩まれたように、命と光と真の喜びへ至る路《みち》は他にはないのですから。

第二章　希望のかなたへ

1　ナザレのイエス

イエスは三十歳くらいで公生活に入られましたが、福音書の描くイエスは主にこの公生活のイエスの姿です。では、福音書はイエスが公生活に入られるまでの長い期間のことについて何を語っているのでしょう。確かにご降誕の場面は描かれていますし、ルカでは十二歳のときのイエスのエピソードは少し語られています。しかしそれ以外について福音書は沈黙しているかのようです。ただ、多くを語らず、沈黙しているということは、それ自体が何らかのメッセージであると考えられるかもしれません。私たちにとってこのナザレのイエスを一度しっかり見つめてみることは大切だと思います。それによって、私たちの平凡な日常性の輝きを知ることができれば幸いです。

イエスも普通に成長しました。平凡に、三十年間ナザレで生活されました。養父ヨセフに仕える大工仕事です。当時のことですから、今で言う日雇いに近い労働者だったのかもしれません。宣教の準備になるようなことをすればどうだったのか、とか、二十歳くらいで宣教に出ればどうだったのか、というのは私たちの勝手な考えでしょう。

実に、イエスは三十年のその生活を黙々と引き受け、働かれました。毎日働き、疲れ、腕が痛み、暑いときには汗だくになって、寒いときには手がかじかみます。しかし、終日働きます。そういう労働の味を知っておられたイエスだと思います。勤勉に働き、何でも手伝い、せっせと働きます。イエスは気分屋ではありません。もう疲れた、やめようという姿はまったくありません。このイエスをじっと見つめてみましょう。

さて、普通の私たちの生涯は、ナザレのイエスのようではないでしょうか。多くの人々は地味な生活で、誰しも生涯の中で華々しい経験をすることはそう多くはなく、また良い意味で有名になる人も少ないものです。どんな人にもナザレがあるはずです。目に見える効果はないかもしれない、でも黙々と働き続けます。毎日を誠実に生き続けます。なぜならそこには隠された命があるからです。「……あなたがたの命は、キリストと共に神のうちに隠されているのである」とパウロはコロサイの信徒への手紙3章で言っています。

神は、ナザレのイエスの三十年を、意味を込めて計画されました。イエスは後に十字架を引き受けるわけですが、十字架とナザレの生活に断絶があるのではありません。ナザレのイエスの延長上に十字架のイエスがはっきり示されると言ってもよいのでしょう。黙って働いておられたイエスの三十年、この隠された神秘を私たちは読み取りたいものです。福音書は静かに、沈黙を守りながらそれを語っているのです。この神秘を求めながら、福音書を読み返してみるならば、イエスの多くのたとえ話は、イエスのナザレの生活を彷彿とさせていることにも思い至ります。

人生の大部分は週日です。ですから、神のみ旨を果たす時間も実は週日が主なのです。本当の自分は週日の自分であるとも言え、だから私たちは日常性を愛すべきでしょう。ふつうの日は、一般にはおもしろみのない日、嘆く日であることが多いかもしれません。しかし、ふつうの日を投げやりにすると、み旨に対して投げやりになることになってしまいます。月曜日はあるときはつらい日です。でもブルーマンデーこそみ旨を果たせる日ではないでしょうか。人間の生命というものは日常性においてこそ輝くものです。神が私たちをご自身に引き寄せてくださる（ヨハネ6・44）のなら、この日常においてこそであり、それ以外いったいどんなときなのでしょうか。人生の華々しい日々や辛苦の節々はこの日常性の延長上にあります。

福音書が、ナザレのイエスに、深い意味を込めたように、私たちも自身の日常性を等閑視することのないようにしたいものです。日常性は私たちの本当の生命なのですから。日常を愛する人は多くのことを学び、豊かな実りをもたらします。そう生きれば、主イエスと共にある生活がいかに喜びに満ちたものであるか知ることができます。いつしか私たちは、日常性と十字架をキリストによって意味深く受けとることができるでしょう。そしてまた、その延長上に栄光の復活があるのです。まさに、「希望の彼方《かなた》」は、実は「日常の此方《こなた》」にあると言えるのではないでしょうか。

2 「貧しい人々は、幸いである。神の国はあなたがたのものである」

何十年も前の話になりますが、イエズス会に入会して修練一年目の秋、静岡県御殿場にあるカトリックの神山復生病院ハンセン病療養所で一カ月ほど実習させてもらったことがあります。その時の情景はずっと脳裏に刻まれています。療養所の静まり返った早朝の聖堂で、じっと祭壇に向かって祈る元患者さんたちの後ろ姿は、荘厳とも言える雰囲気で、圧倒される思いでした。彼らのその苦しみと、貧しさと、弱さ、その生涯の孤独と悲しみはいかほどだったでしょうか。戸籍から名前は抹消され、涙が枯れ切ってしまうほどに泣いた、家族との悲痛な別離の経験、社会からの完全な隔絶。この病気は、目が見えなくなってしまう人も多く、身体もどんどん崩れていきます。その苦しみは想像に絶します。私などは到底及ばない大きな重荷と辛苦です。けれども元患者さんたちは、忍耐強くそれを引き受け、すべてを神に委ねきって生活しているのです。

ハンセン病は、戦後すぐ、米国で抗生剤プロミンができて以来、治る病気となりました。日本らい学会で効果ありと確認されたのは一九四八年で、その後さらに強力な抗生剤も開発され、多剤併用療法が行われ、早期発見、早期治療で、後遺症もなく完治します。当時から現在に至るまで療養所にいる人たちは、薬がなかった時代の悪化による後遺症やさまざまの事情ゆえに社会復帰されなかった方々です。

さて、療養所で出会った多くの人はその労苦にもかかわらず、非常に明るい人々でした。聖歌を、目が見えないので全部覚え、大きな声で朗々《ろうろう》と歌われる、その祈る姿に私は感動しました。神とは、信じるというよりも、このようにまさに経験するものなのだと思ったのです。食事や入浴の介助をしたり、散歩に一緒に行ったり、ベッドのそばでじっと話を聞いたり、その他いろいろお世話をするほどに、内実は逆にこちらが世話されている思いでした。そこにいるだけで私の心が洗われてゆきます。もちろん狭い人間の世界だから複雑な問題はたくさんあるでしょう。しかし、神に対する純粋さ、清さ、その謙遜、純粋な愛、細やかな親切さは、他の世界では見られないようなものがありました。こちらが何かお世話をしようとすればするほどに、自分には何もできないことがますます分かり、心の点では、逆に多く世話を受け、人間として大切な宝を頂いた経験でした。

苦痛が重いほどに、貧しさが辛いほどに、孤独が深いほどに、悲しみが大きいほどに、何か人間の真実がそこにあると言えます。私の信仰表現で言えば、神はより強くそこに居て働いてくださっている、そこに行くと、神に出会う、ということなのでしょう。

司祭叙階前にもやはり実習で、キリスト教団が母体となっている末期がん患者のためのホスピス病棟で、ヘルパーとしての経験をさせていただいたことがあります。ここでは、人間の生命に対する尊厳、それが非常に透明に見えていたという思いです。この状況は、末期がんという辛い状況です。でもそこにいるすべての人、医師、看護師、ヘルパー、チャプレン（病院や介護施設などに設置されたチャペルで働く聖職者）、家族（この施設では患者さんの家族も泊まれるようになっていました）が、その患者さんが今、人間として生きることを手伝う、がんで死にゆくかもしれない、でも今、その人が真に生きることに全力投球する共同体でした。どんな小さなことでも、それが親切なお世話、愛なら、まったく素直に受け入れられる場でした。嫌みや皮肉のようなことも一切ありません。激烈な苦痛を受けている患者さんにとって、精神的・肉体的に、ほんの少しでもそれが和らげられることは純粋に喜びなのです。そして純粋な感謝を示されます。ここでも私は、神はおられ、本当に働いてくださっているのだな、という思いが湧いてきました（現在は、がん治療の医療技術、薬品などの研究開発が進み、治癒や進行抑制の効果の例もかなり増えましたが、がんを抱えることの困難さは現前の事実でしょう）。

ルカによる福音書6章に「貧しい人々は、幸いである。神の国はあなたがたのものである」という一節があります。この聖句は長年、私が質問を投げかけていた重大な課題でしたが、以上のような経験を通して幾らかでもその入り口に近づくことができたのかなと思いました。

同時にヨハネによる福音書の9章にあるイエスの言葉も思い出します。イエスと弟子が、生まれつき目の見えない人を見かけて、弟子がイエスに、彼の目が見えない理由を尋ねる箇所があります。イエスは、「……神の業がこの人に現れるためである」と答えられたのです。

実は私たちは、普段の生活のさまざまな場面で神の業に立ち会っているのではないでしょうか。人知れず、生涯を労苦して生き抜き、貧しくとも誠実に毎日を成就しようとした人々が私たちを無言のうちに真の幸せへと招待しています。「貧しい人々は幸いです。神の国はあなたがたのものです」と。そうして神の栄光が現されているのでしょう。

3　十字架と宣教

今回は、特にパウロを通して十字架の神秘を考えてみたいと思います。他の多くの聖人、偉大な使徒たちにも共通することでしょうが、パウロは、自分の弱さに直面し、弱さを真に受け入れ、その弱さを通して、神の恵みを豊かに頂いた人でした。パウロはコリントの信徒への手紙二の12章で言います。「もし誇らねばならないのなら、わたしは自分の弱さを誇ろう」。「わたしの肉体に一つのとげが与えられた。それは高慢にならないように、わたしを打つサタンの使いなのである。この使いについてわたしは彼を離れさせてくださるようにと、三度も主に願った。ところが、主が言われた、『わたしの恵みはあなたに十分である。力は弱さの中でこそ十分に発揮されるのだ』。それだからキリストの力がわたしの内に宿るように、むしろ喜んで自分の弱さを誇ろう。

だから、わたしはキリストのためならば、弱さと、侮辱と、危機と、迫害と、行き詰まりとに甘んじよう。なぜなら、わたしは弱いときにこそ強いからである」（二コリント12・7〜10参照）。

キリストの力が私に宿るように自分の弱さを誇ろうとパウロは言います。弱い点、欠点、できない点というものは、普通自分の好まないところで、避けたいものです。しかし、実は、そここそがキリストが宿るところだと言うのです。あるときは、また、人によってはその弱さというのは深い虚無のような、人格の深いところに関わる本当につらいもの、孤独感であるかもしれません。パウロのとげが何であったかは分かりませんが、痛みなどがいつ終わるのか分からないような形で続くのはつらいものです。しかし、実はそこが、神の恵みが入る場所なのだということです。弱さが深刻であるほどに、神の恵みもそれだけいや増すのです。高慢に自分が自分ですべて満たされている人には、神の入る余地はないでしょう。問題は、弱さに打ちひしがれて落胆するのではなく、自分の弱さを、神の恵みの器として引き受けていく人には、確かに絶大な恵みがあるということでしょう。頭で分かっていても、弱さを具体的に経験するときは確かに苦しいものです。逃れたいとも思ってしまいます。しかし、そのときこそ実は恵みのときで、心を静めるとき。そのときこそ、キリストに真に近くなるとき。キリストが、その十字架の愛の印のもとに来てくださるときです。パウロはそれを経験したのでしょう。この弱さ、侮辱、危機、迫害、行き詰まりは、ある意味でキリストへの最短コースです。この経験をした者は、苦しみにある人々を慰め、助けることができるのだと思います。

そして実にキリストご自身が弱い無力な存在でした。十字架とは、この世的には弱さと失敗の結果です。キリストはこの世の知恵に捨てられたのであり、この世にとっては無力な存在です。ですから、キリストを知るには人の知恵を捨てて、無力と判定されたキリストと一つになって、自ら無力となり、神の力によらなければならないのです。神の秘められた計画を宣べ伝えるのに、優れた言葉や知恵を用いなかったとパウロは言います（一コリント2・1～5）。だから、キリストを知るには、世の知恵とは相いれない姿でなければならないのです。つまり、人の目には無力としか映らない十字架こそが神の知恵の現れであり、神を知りたければ、そこに目を向け、そこに身を合わせる必要があるということです。

パウロは、コリントを初めて訪問したとき、実際に「わたしは衰弱していて、恐れに取りつかれ、ひどく不安でした」(同3節)と吐露しています。コリントの前に訪問したアテネでの宣教が困難を極めたこともあったのでしょう。彼は一人でコリントに入り、活発な活動を避け、閉じ籠もっていたと言われています。疲れと失意で途方に暮れていましたが、この弱さの中で十字架のキリストをいっそうはっきりと知ることになります。不安で、弱かったからこそ、パウロはキリストと一つであり、神の力をその身に現すことができたのです。「イエス・キリスト、それも十字架につけられたキリスト以外、何も知るまいと心に決めていた」(同2節)パウロの並々ならぬ信仰です。すでに知ったことを宣教するのではなく、キリストをさらに知るために宣教する。パウロが宣教するのはキリストを一層深く知るためです。それは、弱く無力な者を通して、この世の知恵を無にする力が働いていることを知ることです。それは自分の能力が向上したことを知る喜びではなく、神の働きをこそ確認して喜びをもたらすものです。宣教はますます神の前で謙遜になっていく路です。キリストをますます深く知っていく路です。キリストについてのこれこれの知識を宣べ伝えに行きなさい、というのが宣教ではなくて、キリストがここへ来なさいという呼び掛けに応え、従っていくのが宣教です。Goではなくて、Comeが宣教です。宣教はこの意味で十字架の路です。キリスト者である限り、わたしたちはキリストご自身を知るために、そして愛するために宣教していくのです。知識を伝えるために宣教するのではなく、キリストにお会いするために宣教します。これがパウロの路でしたし、わたしたちの路ともなるべきものでしょう。

率直に、事実として、正面から弱さ、つらさを抱き切った、それ故にパウロはキリストを抱くことができました。弱さを神の恵みの器として引き受けていく人、抱ききる人こそ、真にキリストの使徒、キリストの友となるのでしょう。希望のかなたは、キリストが呼んでくださっているところに赴くことです。

最後にコリントの信徒への手紙一の1章18～25節を読んでみてください。

4　ゲッセマネと主の十字架

イエスは捕らえられて、十字架に掛けられる前にゲッセマネで祈っています。マルコによる福音書から少し引用します。

「一同がゲッセマネという所に来ると、イエスは弟子たちに、『わたしが祈っている間、ここに座っていなさい』と言われた。そして、ペトロ、ヤコブ、ヨハネを伴われたが、イエスはひどく恐れてもだえ始め、彼らに言われた。『わたしは死ぬばかりに悲しい。ここを離れず、目を覚ましていなさい』。少し進んで行って地面にひれ伏し、できることなら、この苦しみの時が自分から過ぎ去るようにと祈り、こう言われた。『アッバ、父よ、あなたは何でもおできになります。この杯をわたしから取りのけてください。しかし、わたしが願うことではなく、御心に適うことが行われますように』。……イエスは三度目に戻って来て言われた。『あなたがたはまだ眠っている。休んでいる。もうこれでいい。時が来た。人の子は罪人たちの手に引き渡される。立て、行こう。見よ、わたしを裏切る者が来た』」（マルコ14・32〜36、41〜42）。

ルカによる福音書22章44節もともに見ますと、「イエスは苦しみもだえ、いよいよ切に祈られた。汗が血の滴《したた》るように地面に落ちた」とあります。血の汗を流すほどにイエスの人間性は揺さぶられ、その苦しみの中で、イエスにおいてさえ、「できることなら、この杯をわたしから過ぎ去らせてください」と、三度（マタイ26・44）願われたほどの試練を受けます。これはイエスの生涯で最大の試練であったでしょう。三度願われた、ということから、御父はこのとき沈黙しておられたということがうかがわれます。御父は全能の神として、いずれを行うこともできます。しかし、このとき御父は、イエスの決断にすべてを任せます。なぜならイエスは御父にとって「わたしの愛する子、わたしの心に適う者（マルコ1・11）」だからです。

イエスは最終的に、この大事なときに眠ってしまっている最も愛すべき弟子たちと、そして今のこの私たちを救うために、あくまでも御父のもとにいることを決断し、「御心のままになさってください」と答えます。弟子たちは、その心の中に重大なことが起こっている、この大事なときのイエスと共にいる要請（マルコ3・14「そこで、十二人を任命し、……彼らを自分のそばに置くため、……」）に応えきれませんでした。しかし、イエスは御父を愛し、御父と共にいる決断をされたのです。

イエスは、ご自分を理解しない弟子たちに苦い言葉は言わず、「もうこれでいい、時が来た。この道はいよいよわたしが一人で行く……」と、その承諾を実行へと移されます。このように、ゲツセマネの福音は、試練と誘惑の中から立ち上がる愛の決断の神秘を深く示してくれています。このイエスこそ、わたしたちの大祭司であり、慰め主と言えるのです（ヘブライ4・14〜5・10参照）。

さてイエスは十字架上で、四つの福音書を合わせると、全部で七つの言葉を吐露《とろ》されていますが、マルコでは、「三時にイエスは大声で叫ばれた。『エロイ、エロイ、レマ、サバクタニ』。これは、『わが神、わが神、なぜわたしをお見捨てになったのですか』という意味である」と書かれています。この言葉は詩編22章の冒頭に「わたしの神よ、わたしの神よ、なぜわたしをお見捨てになるのか。なぜわたしを遠く離れ、救おうとせず、呻《うめ》きも言葉も聞いてくださらないのか。……」とあるのを思い起こさせます。この詩編は、確かに悲しみと嘆願で始まりますが、徐々に主への賛美と希望に変わっていきます。とは言え、赤裸々なイエスの姿を描くマルコによる福音としては、この冒頭の言葉をもってイエスに語らせているのではないかと思います。

ガラテヤの信徒への手紙3章13節では次のように書かれています。「キリストは、わたしたちのために呪《のろ》いとなって、わたしたちを律法の呪いから贖《あがな》い出してくださいました。『木にかけられた者は皆呪われている』と書いてあるからです」（申命記21・23参照）と。このようにキリストは、神から見捨てられ、呪われる者とさえなったと言えるのでしょう。あのゲツセマネの園で、イエスが御父に「はい」と言って承諾し、究極に至っても御父と共にいることを決断された、その内容の実現は、その言葉が表現するところとは裏腹に、御父からさえ見捨てられるという、御父にとっても、御子にとっても、神としてそれ以上のことはないほどの不条理の深淵だったのです。このようにイエスは、私たちのために、私たちの救いのために、神に見捨てられ、呪われた者とされるまで、人間の最も低いところまで行かれました。しかし、そこまで行ってこそ、私たちを見いだされ、私たちを抱き、共に御父のもとに引き上げてくださったのです。

何ゆえ主よ、そこまで？　そんなにまで私たちは愛されているのですか？　キリストのこの愚かなまでの愛を改めて心に深く受け止めたいと思います。それほどまでに私たちは神にとってかけがえのないものであることに、新たに驚嘆すべきでしょう。私たちの希望のかなたからの光は、無限の愛を示されたイエスのゲツセマネの祈りと十字架上の言葉に深く示されているのではないでしょうか。

5　時間と心

現代は、いろいろな意味で病んでいる時代です。そして、いろいろなものがその本来の豊かさ、充実を失って壊れている時代です。例えば、「時間」もそうでしょう。現代、時間はますます節約され、効率化が叫ばれ、人間は、人間自らがつくった文明に、いまや苛《さいな》まれています。あらゆることが、規則正しく、スケジュール化され、あることについては秒単位で事柄が進んでいきます。それらに私たちはふうふう言いながらついてゆかなければなりません。今日のグローバリズムはそのようなことを加速させています。

「時間」ということについて、私はある興味深い童話を読んだことがあります。ご存じの方も多いと思いますが、それは、ミヒャエル・エンデという現代童話作家の『モモ』という本です。副題は「時間どろぼうとぬすまれた時間を人間にとりかえしてくれた女の子の不思議な物語」となっています。

簡単に話の筋を申しますと、ある大きな町外れに古代の廃虚がありました。その真ん中は広場になっていて、ちょっとした公園として人々に使われていました。その廃虚の一部の建物に、あるとき、みすぼらしい身なりの小さな女の子が、どこからともなくやって来て、住み着きます。女の子の名前はモモと言い、町の人たちと仲良しの人気者になりました。モモは人の話を聞くのが上手で、誰でも彼女に話を聞いてもらうと気が晴れ晴れとして、いい考えが浮かんでくるのでした。モモが来てから、町中の生活は平和で幸福になったように見えました。ところがここに、平和な生活を脅かす不届き者たちが現れるのです。それは灰色ずくめの格好をした時間泥棒でした。彼らは人々の幸福な生活の中に忍び込んで来て、時間というかけがえのない財産を奪おうとしたのです。彼らは、人々に時間を節約させ、貯蓄させせます。念入りな仕事で知られた床屋は、仕事にかかる時間をひたすら切り詰めます。そして、愛情を込めてやっていた仕事を事務的、能率的に片づけるようになってしまいます。その結果床屋は、落ち着きのない人間、怒りっぽい人間になっていきます。人々の生活は日ごとに画一的になり、冷ややかで、貧しいものになっていきました。そういう事態にいち早く気がついたのは、子どもたちでしたが、そのときはすでに手遅れで、子どもたちにも魔の手が伸びてきていました。子どもたちには機械仕掛けの新式のおもちゃがあてがわれ、子どもたちも好んでそういうものを求めるようになっていたのです。

こういう訳で、いろいろな形で灰色の男たちは人間から時間を盗んで人間生活を荒んだものにしていくのですが、それからいろいろな経緯があったのち、モモが時間泥棒の一味と戦いを開始し、最後には盗まれた時間を人間に取り戻してくれることになります。

このように時間泥棒に攻撃されている人間の状態は、まるで現代人を風刺しているかのようですが、この『モモ』の中で、興味深いことの一つは、モモが、人の話を聞くのが上手であることです。話し手に心を開かせること、人々が何かに思い余って決断できないでいるとき、モモに話を聞いてもらうと自分の気持ちがはっきりし、引っ込み思案の人にも勇気が出るのです。

普通に、スケジュール的に横に流れていく時間ではなくて、人との出会い、人の心を開かせるために、自由に自分の時間を差し出すモモ、その人全体を感じ取れるモモ、本当に生きられた時間を知っているモモです。モモは、その窮地を不思議な老人に助けられます。彼は、時間の国の主と呼ばれ、一つ大切なことをモモに話します。すなわち、人間には、時間というものを感ずるために心というものがあると言っているのです。「時間というのはね、人間一人びとりの胸の中にあるものを、極めて不完全ながらもまねてかたどったものなのだ」。「光を見るためには目があり、音を聞くためには耳があるのと同じに、人間には、時間を感じ取るために心というものがあるんだよ」と。時間を節約すると心が貧しくなります。その人の時間の使い方を見れば、その人の心が分かる、とでも言えるのでしょう。とにかく、現代の私たちは、スケジュールに追いまくられる壊れた時間を取り戻し、真に生きる、確かに記憶に残るべき時間、人との出会い、愛の業が確かになされる時間を取り戻すべきでしょうし、時間はそのようなものだよ、と言ってくださる方が私たちの神様です。時間は命です。時間は私たちの心の中にあります。

この『モモ』は、物語、作品としてもかなり面白く、読み始めると、まさに時間のたつのも忘れて、一気呵成《いっきかせい》に読み切ってしまうほどのものです。この、時間がたつのを感じることなく、まったく忘れてしまうほどに充溢《じゅういつ》して生きる、心が本当に充実してくる、それこそが、モモが私たちに取り戻してほしい生き方なのでしょう。自分のためではなく、人のために一心不乱になる経験を多く持ちたいと思います。イエス様はご自分の時間をそのように生きられました。そして時間を永遠なものに変えられたのです。家族の中でも、友人同士でも、時間をこの『モモ』のように生きてみるという、ちょっとした意識が新しい世界の発見につながるかもしれません。

6　ある春の日に

昔の日記帳のようなものをパラパラとめくっていたとき、私が神学生時代に書いたエッセーが目に留まりました。その時の気づきから少し分かち合いたいと思います。

『ある春の日に』

神学生だったある年の春、新年度が始まったばかりの暖かい、ゆったりとした日曜日、その陽気に誘われて、私は石神井公園まで自転車で散歩に出かけた。白く透き通った桜の花びらが、小枝とともにそよ風に揺られて公園ののどかさを演出していた。一人で行ったので、そののどかな雰囲気をゆっくり味わえた。近くで見る花びらも、少し遠くから眺めてみる桜も実に美しかった。

ふと前を見ると、比較的質素に見える老夫婦が互いに寄り添ってゆっくりと歩いているのに気がついた。二人は杖を突いていた。その杖は白かった。普段通学の途中、ちょうど千駄ヶ谷の駅を通過する時、車窓から、プラットホームに立って電車を待っている目の不自由なその人を何回か見かけたことがあったが、まさにその人であった。駅で見かけた時は男性だけだったが、今日は夫婦で連れ添っているのに出会ったのである。

しばらく私は、花をいっぱい咲かせた桜の揺れる小枝の下にその夫婦を見つめていたが、次の瞬間、急に胸が締め付けられる思いがした。「彼らはここに花見に来ている！」。目が不自由なのに、こうやって花見に来て、暖かい春の、美しい桜の、その休日を喜んで味わっている。目が不自由なのに、花を見に来ているこの夫婦の、私からは想像を超えた世界があった。たぶん彼らは、ここで、私以上に美しいものを見ているのであろう。私には見えない何事か、きっとすばらしい何かを味わっているに違いない。でなければ、こうやって、ここに花見に来たりはしない。

彼らに神に対する信仰のようなものがあるかどうかは分からない。しかしこの出来事を振り返って思うのは、神は、人間の限界を超えたところにご自分の恵みを輝かせておられるということである。今のこの現実で、神は本当に人間を救おうとされているのだな、と実感した。

少し心残りなのは、あの時、あの老夫婦に話しかければよかったな、と思うことである。桜の木肌のつやと、薄紅色に、否、ほとんど白く青空に向けて透き通った花びらの美しさをどれだけ説明できたかは分からない。でもたぶん、その説明も彼らには必要なかったかもしれない。ただ、話しかければ、逆に、私がもっと美しさを味わえたのだろう。

人はしるしを欲しがると言われます。確かに私自身もそうです。すぐ見ることができて、触ることができて、自分の感覚で確かめられるもの、そのような状況に身を落ち着けたくもなります。特に宗教的な事柄については、そう真剣に祈ることもせずに、悟りを得たいとか、願いを聞き入れられたいとか、超越的な体験を無分別に望むというような気持ちが少なからずあるものです。しかし、本当のしるしというものは、この世的な感覚で何か驚きをもって捉えられるような、特別な状況にあるものとは限らないでしょう。

イエスご自身もマタイによる福音書12章でしるしについて語っています。「すると、何人かの律法学者とファリサイ派の人々がイエスに、『先生、しるしを見せてください』と言った。イエスはお答えになった。『よこしまで神に背いた時代の者たちはしるしを欲しがるが、預言者ヨナのしるしのほかには、しるしは与えられない。つまり、ヨナが三日三晩、大魚《たいぎょ》の腹の中にいたように、人の子も三日三晩、大地の中にいることになる。ニネベの人たちは裁きの時、今の時代の者たちと一緒に立ち上がり、彼らを罪に定めるであろう。ニネベの人々は、ヨナの説教を聞いて悔い改めたからである。ここに、ヨナにまさるものがある。また、南の国の女王は裁きの時、今の時代の者たちと一緒に立ち上がり、彼らを罪に定めるであろう。この女王はソロモンの知恵を聞くために、地の果てから来たからである。ここに、ソロモンにまさるものがある』」

あれだけ多くの奇跡を行い、しるしを示されたイエスが、「預言者ヨナのしるしのほかには、しるしは与えられない」と言われます。イエスの三日三晩、それは十字架上の死と埋葬そして復活です。しかしそれはキリストの生涯の結実であり、だから逆に彼の生涯の一瞬一瞬、毎日が偉大なしるしであったとも言えるかもしれません。ヨナにまさるものであり、ソロモンにまさるものでありながら、本来目には見えないものので、感じ取り受けとめる心がなければ経験できないしるしなのです。経験と言ったのは、私たちがそのしるしに身を任せて飛翔していくことができる、新しき世界の住人となることができるからです。その世界を多くの先人、聖人たちが教会の歴史を造りあげる中で示してきましたが、次の聖イグナチオ・デ・ロヨラの一節も私たちの心を神の温かさへ導いてくれるものではないでしょうか。『霊操』の「愛を得るための観想」の要点第二です。

(38〜42節)。

「神がどのように被造物のうちに住んでおられるかを見る。すなわち、存在を与えられて物質の元素のうちに、生長をさせられて植物のうちに、感覚を与えられて動物のうちに、思考力を与えられて人間のうちに住んでおられるのである。従って、私をも存在させ、生かし、感じさせ、考えさせてくださって、この私のうちにも神が住んでおられるのである。そして、私が主なる神に似たものとなり、その似姿に造られたので、私をご自分の神殿とされ、私のうちにお住みになるのである」。

7　赦しと主の愛

一九九四年、アフリカのルワンダで大虐殺がありました。百日間で百万人のツチ族がフツ族によって虐殺されたのです。隣人・友人が、突然殺戮《さつりく》者と化し、大鉈《おおなた》、ナイフを振り回してツチ族の「皆殺し」を叫ぶのです。恐怖のどん底に陥れられたあるツチ族の女性が父、母、兄弟を殺されながらも、牧師の世話で教会の小さなトイレに身を隠し、奇跡的に生き抜きました。その女性の壮絶な手記が日本語に訳され、PHP研究所から『生かされて。』という題名で発行されています。女性の名前はイマキュレー・イリバギザ。誠実で、優しく、信仰深いカトリック信者です。家族でいつも祈りを共にしていました。彼女は、最愛の父母兄弟を虐殺される中で、憎しみ、復讐心の誘惑に苦しみますが、最終的に、深い祈りの中で、神の恵みに満たされ、「彼らを赦しなさい。彼らは自分たちがやっていることが分からないのだから」と主の声を聞きます。殺人者も同じ神の子どもであって、彼らに哀れみを感じ、神に、彼らの罪を赦し、彼らの魂を神の美しい光の方向に向けてください、と願うのです。

イマキュレーは、兄弟を本当に愛していましたが、すぐ上の兄、ダマシーンとの最後の別れを次のように綴《つづ》っています。「私は、ダマシーンを玄関まで見送りました。……今、私は、さようならと言うことすら出来ないでいるのです。それが、彼の美しい顔を見る最後になるかもしれないと知っていましたから。私のお兄さん。私のソウルメイト。その手は、柔らかく、軽く、羽のようで、どんなに強く握り締めても、彼の手のひらの重みを感じることが出来ませんでした。まるで、消えていく魂の手をとっているかのようにおぼつかない感触でした。私の胸は張り裂けそうでした。私たちは、ただ黙ってじっと見つめ合いました。そして、とうとうダマシーンは、悲しげに微笑んで、門から出て行ったのです」。

ダマシーンは、その後、友達の家にかくまわれますが、その兄弟の裏切りによって、辱《はずかし》めを受け、虐殺されました。殺人者は「お前の綺麗な妹はどこなんだ?」「……話さないなら一晩じゅうなぶり殺しにしてやる」と脅します。ダマシーンは勇敢に、「僕の美しい妹がどこにいるか知っていたとしても、話すものか。イマキュレーは決して見つからない。彼女は、お前たちが皆でかかっても敵《かな》わないほど頭が良いんだから」と答え、殺人者は彼を大鉈の柄でさんざん打ちのめし、あざ笑います。彼は学識豊かで修士号を持っていました。「お前は、修士号なんか持って、俺たちよりずっと賢いと思ってやがるんだろう。よし、それじゃ、修士号を持った奴の頭の中がどうなっているか見てやろうじゃないか」と、殺人者はダマシーンの頭めがけて、刃を思い切り振り下ろしました。そして頭蓋骨《ずがいこつ》をこじ開けて中を覗《のぞ》き込み、彼の血を浴びて、修士号を持った奴の頭の中を見たと叫びながら跳ね回っていたと、残虐な様子が描かれています。

戦争と虐殺が起こった時、幾つかのホロコーストと同じく、人間は悪魔を完全に呼び込み、信じがたい最低の残虐、残酷な行為を行ってしまいます。しかし、それでもイマキュレーは、彼らも神の子どもであると認めようとするのです。

一つのクローゼットの大きさくらいしかないトイレに他の七人のツチ族の女性と共

に三カ月余り隠れていたイマキュレーは、ようやく国連介入によって救い出されます。後に彼女は捕らえられたフツ族の刑務所を訪ねる機会がありましたが、そのとき、イマキュレーは自分の母と兄を殺したフェリシアンという人物に出会います。フェリシアンはフツ族の成功した実業家で、イマキュレーは小学校の時に彼の子どもたちとよく遊んでいたのです。背が高くハンサムでいつも高価なスーツに身を包み、礼儀正しい紳士でした。しかし今、汚れた服はぼろぼろで、衰弱した体からぶら下がり、肌は血の気がなく腫《は》れ上がり、その目には膜がかかり、つぶれていました。裸足の足は、口の開いたみみず腫れで覆われて、そのあまりの変わりようにイマキュレーは泣いてしまったのです。フェリシアンは、刑務所を管理する長官にイマキュレーの目の前まで引きずられ、責められましたが、フェリシアンは泣き出しました。一瞬、目が合ってから、彼女は一歩進み出て、彼の手に軽く触れ、「あなたを赦します」と静かに言ったのです。彼女はそのことを言うためにここに来たのでした。そして、そのとき、イマキュレーの心は和み、フェリシアンもその肩から力が抜けていったのです。長官が彼女の言動が理解できずに、「どうして赦したりするんだ」と激怒していると、イマキュレーは、「赦ししか私には与えるものはないのです」と言い残していきます。

その後、イマキュレーは国連に職を求め、四年後アメリカに移住し、特に虐殺や戦争の後遺症に苦しむ人たちを癒やすことを目指した基金を創設。ニューヨークの国連で働き始めたのです。

小さなトイレに隠れていた長い間、イマキュレーは多くの時間を祈りに身をささげていました。一日に十何時間も祈り続けます。その中で、彼女は神の心に徐々に近づき、イエスにおける恵みと慰めを得ていくのです。彼女の深くて、神との親しさを求める祈りは、彼女の、神と一致した願いがその都度その都度かなえられる仕方で、神の命の喜びへと導かれていきます。その信仰と愛によってイマキュレーは殺人者を赦し、癒やしを与えることができたのです。この手記の原文のタイトルは『*Left to Tell*』です。語るために生かされたイマキュレー。虐殺の恐ろしさを語るためではなく、神の愛と赦しを、イエスと共に十字架を担った者として、真に語るために残されました。イマキュレーに起こった現実は特別な出来事であったかもしれません。しかしその彼女が語る真実は私たちを常に永遠の命へと導き、神の国への道筋を輝かせるものであるでしょう。暗闇の中にあっても、希望のかなたへの道は主によって輝いています。

8　三位一体の神

「神はその独り子をお与えになったほどに、世を愛された」（ヨハネ3・16）。

神のみ心は一人も失われることなく救われることです。神はただ、言葉と振る舞いによってみ心を示されただけでなく、最後には十字架上でご自身の命をすべて与え尽くすところまで行かれました。

イエスの十字架上での一つの言葉が、主ご自身が経験された深い神秘を示していますす。すでに述べていることですが、「わたしの神、わたしの神、なぜわたしをお見捨てになったのですか」というイエスの言葉です。完全に一致しておられるはずの父と子の間に人間の言葉では表現できない淵が生じてしまいます。十字架において、父も子も神として、計り知れない深淵の苦しみをお引き受けになりました。イエスは神の子としてそれより下ることができないところまで、つまり父からさえ見捨てられた、その究極の孤独の経験をされました。しかしそこまで行かれたからこそイエスの言葉が「成し遂げられた」（ヨハネ19・30）のです。父への徹底した従順のもと、父のみ旨を最後まで、一つももれることなく果たされたのです。私を救ってくださったのも御父への従順でした。ここまでキリストが私に仕えてくださったことに、私たちは再び驚かなければならないでしょう。そこまで行って私たちを取り戻し、父の右の座に着かれたイエスです。

こうして三位一体の神の子キリストはその生涯と十字架を通して「人間」であることをご自身のうちに深く完成されました。つまり、神の子は今や真の意味で「人間」としてイエスという名を持っておられるのです。キリストは復活して、父の右に着かれてから、「人間」であることをやめたわけではなく、むしろ、ますます人間なのです。「神はどなたなのですか」という質問に対する答えの中には、もはやどうしても、そこに「人間」が入ってきます。結局、神の救いの業の完成は、ご自身の中に完全に「人間」

を抱かれたということなのです。それが、三位一体である神ご自身における一致の究極です。その一致の中に「人間」が、イエスの名のもとにしっかりと抱かれているのですから。「人間」が永遠に神の内に抱かれたというこの事実は決して撤回されません。イエスは永遠に救い主キリストだからです。このような決定的な救いの事実こそ、父と子の愛の交わりと一致の究極の実りです。その意味で「三位一体」は救いの神秘です。イエスゆえに、神の内に「人間性」がその本来の姿で成就し、さらに完成しました。ですから私たちは、三位一体の神を見つめるだけで喜びと慰めに満たされるのです。

さて、救いが真に救いであるかぎり、それは「今」というときからすでに実現しているはずのものです。つまりイエスは、私たちの今の現実の生活の中にあまりにも深く、親しく共におられ、さらに私たちの心の内側から導いておられます。神は、私たちを神ご自身の存在の場としておられると言っても過言ではないでしょう。そして、そこまで神の現存の確証性が言える最大の根拠は、神の子の全き「人間性」です。この神の子の全き「人間性」により、私たちは今生きている現実において、神と一致することができるのです。

そしてそれは、私たちの側からは、信仰の充実を通してなのです。「今」が永遠の救いの出来事として成就するためには、真実な信仰が必要であるということです。「信じる者は裁かれない。信じない者はすでに裁かれている」（ヨハネ3・18）という福音はこのことを示しているのでしょう。神がこの私をご自身のおられる場とされ、また私の内から働きかけておられるその慈しみの神秘を現実の生活において気づいていきたいものです。

イエスが同じ福音で、信じる者のために次のように祈っている箇所があります。

「弟子たちの言葉を聞いてわたしを信じる人々のためにも祈ります。どうか、信じるすべての人を一つにしてください。父よ、あなたがわたしにおり、わたしがあなたにいるように、彼らもわたしたちにいるようにしてください。そうすれば、この世は、あなたがわたしをお遣わしになったことを信じるでしょう。わたしはあなたから賜わった栄光を彼らに与えました。それはわたしたちが一つであるように、彼らも一つとなるためです。わたしが彼らにおり、あなたがわたしにおられるのは、彼らが完全に一つになるためであり、また、あなたがわたしをお遣わしになったこと、あなたがわたしを愛してくださったように、彼らをも愛したことをこの世が知るためです」（ヨハネ17・20〜23参照）。

このように父と子の愛の力は、信じる者を一つにします。父と子が、聖霊において一体となっておられるその一致とまったく同じ仕方で神の命の中に入れられて互いに一致し、一体となること、これが、救いの最終段階でしょう。パウロも、神はみ旨の神秘を示してくださったと次のように言っています。「時が満ちるに及んで実現される神の計画は、天にあるもの地にあるものを、ことごとく、キリストにあって一つに帰せしめることでした」（エフェソ1・10参照）と。一体であること、一致の基礎、一致のきずなは神の聖霊、父と子の愛以外にはないでしょう。

いつも、わたしたちが主キリストの生涯と十字架に示されたみ心の深い真実の愛を感じ、その救いの神秘に魅せられて、互いへの深い愛に生きられるよう恵みを願いましょう。

9 「わたしはある。わたしはあるという者だ」という神の名

この神の名は、出エジプト記のモーセの召し出しの場面（出エジプト3・14）で登場します。出エジプト記1章からずっと通して読んでみると分かりますように、モーセは、不思議な路で助けられた人です。水の中からエジプト王女によって救い上げられ、成人してからは、ある時、同胞を打っているエジプト人を殺してしまい、発覚を怖れて、砂漠に逃れました。そしてミディアンの良き祭司の家族と出会い、娘と結婚し、一介の羊飼いとして暮らし始めました。外国に寄留者となってしまいましたが、小さな幸せと平和を得た彼は、これでよいと思っていたことでしょう。神は、そのような状況のモーセに呼びかけられたのです。神はモーセの生涯を、そして今、こうして近づいてくる彼をご覧になっていました。「モーセよ、モーセよ」と呼ばれた神、そして「こ

こにいます」と答えた彼です。

モーセの気持ちは、この時どのようなものだったでしょうか。神は、私を助け、育ててくださった、そして大きな期待を掛けてくださった。でも今は何かが違う、少々の安泰と平和、そして小さな幸せを手にした生活、しかし、神のことは少し自分の生活からは離れてしまっているような、少し悲しい気持ちを抱えていたかもしれないモーセです。またそうであるが故に、今、神に対する懐かしさを覚え、神は私を忘れておられないという慰めを感じているモーセでもあるのでしょう。

モーセが立った聖なる地、それは神と出会う場所です。そして新しいことが始まる地です。だから古いくつは脱ぎ捨てねばなりません。新しい生活へと出て行くべき場に立っているのです。あなたがよく知っている神、アブラハムの神、イサクの神、ヤコブの神が、今再び新しく呼ばれています。「今行きなさい。ファラオのもとへ。連れ出しなさい、わが民を」と。これに対してモーセは言います、「わたしは、何者でしょう」。しかし、神は譲《ゆず》りません。ご計画を決して変更されません。必ず成し遂げられるのです。そして「わたしは必ずあなたと共にいる」という神の言葉だけが、そのしるしでした。

　モーセは民を引き出し、導くという重責を負っていかねばなりませんでした。大変な後半生です。モーセの最後は、約束の国を目の前にして、しかし入っていけない、そこで死ぬ、という地味な、謙遜な路でした。しかし、彼は神の前に、その信仰において太く生きた旧約の偉大な人物となったのです。

　「わたしは必ずあなたと共にいる」という言葉を胸に、最後まで歩み切った人です。実践的には、彼がそのよりどころとした神の名は「わたしはある。わたしはあるという者だ」でした。この言葉の理解は難しいですが、聖書では哲学的な表現はありませんので、「わたしはある」は存在だけではなく、もっと具体的でダイナミックな「わたしはなる」という生成的事態をも示すようです。そうするとその意味合いは、「神は常になろうとする者になることができるのであり、神はどこでも、誰に対してもなるもの、何にもなる神として救うために生きて働くものだ」と解釈することは可能でしょう。モーセにおいて、民をエジプトから救い出すために、「わたしは降《くだ》って行き、救う」と力強く言われた神です。実際に神は常に民に寄り添って、「火の柱」「雲の柱」をもって民を保護し、導き、葦の海を分けさせ、マナを降らせ、ホレブの岩で水を与えました。ですから「わたしはある」という言葉は、「わたしは必ずあなたと共にいる」という神の言葉の具体性であると考えられるでしょう。

この、神の「わたしはある」の最終的な出来事はイエス・キリストの「わたしはある」にあり、今も主の「わたしはある」は実現し続けているのです。新約聖書、とくにヨハネによる福音でのイエスが言われた「わたしはある」（ギリシャ語で「エゴーエイミー」）を少し取り上げてみましょう。イエスがその述語を明示しないで言っている箇所「わたしはある」は、6章20節「わたしだ。恐れるな」、8章24、28、58節「わたしはある」、13章19節「わたしはある」、18章5、6、8節「兵士や祭司長に捕らえられるとき『わたしである』と答えた」などがあります。これらのイエスの言葉は、まさに神がモーセに答えた「わたしはある」を、旧約の預言と捉えた時のイエスにおけるその成就とも考えられるでしょう。出エジプトにおいて神は「わたしはある」と言われて、具体的に、ダイナミックにその救いと解放の業を成されました。そしてそれは、イエス・キリストの「わたしはある」という存在と具体性において継続され、最終的な救いの出来事が完成したのです。

主の「わたしである」の具体性は、ヨハネによる福音書の他の箇所に描かれています。6章35、41、48、51節「わたしは命のパンである」、8章12節、9章5節「わたしは世の光である」、10章7、9節「わたしは羊の門である」、10章11、14節「わたしは良い羊飼いである」、10章36節「わたしは神の子である」、11章25節「わたしは道、真理、命である」、15章1、5節「わたしはぶどうの木である」、18章37節「わたしが王だとは……」などです。

こう見てきますと、後半はイエス・キリストが救い主であることの最も大切な特徴が網羅されています。キリストの「わたしはあなたがたの救い主である」という根本的な姿が、これらの輝かしい特徴によって支えられています。

キリストはご自身全体として、具体的に日々の生活から私たちに寄り添って、「わたしはある」といつも力強く言ってくださるので、私たちは主から励ましと勇気と希望をいただくのです。イエスはこの私のために何にでもなってくださって、導き保護してくださいます。

10　キリストの聖体

今年（二〇一八年）のキリストの聖体の主日は六月三日でしたが、今回はキリストの聖体について書いてみたいと思います。まさに主の愛の秘跡の記念日で、キリストの最後の晩餐《ばんさん》の出来事を改めて思い返す秘跡です。司祭が日々のミサでささげるパンとぶどう酒についての事柄です。イエス・キリストは捕らえられる日の夕方、十二人の弟子たちと最後の晩餐を催します。一同が食事をしているとき、イエスはパンを取り、感謝の祈りをささげてそれを裂き、弟子たちに与えて言われました。「これは、あなたがたのために与えられるわたしの体である。わたしの記念としてこのように行いなさい」と。また食事の後で、ぶどう酒の杯も同じようにして、「この杯は、罪が赦されるように、多くの人のために流されるわたしの血によって立てられる新しい契約である。飲む度《たび》に、わたしの記念としてこのように行いなさい」と言われました。この「記念としてこのように行いなさい」というのは、主イエスを思い出としてただ偲《しの》ぶのではなく、父なる神への愛と信頼を生き抜いた主イエスの姿に心を留めて思いめぐらし、それに身を合わせて生きることを求められているものです。そして教会はイエスの言われたこの記念を二千年以上にわたって行ってきました。ミサが立てられるごとに、ささげられたパンとぶどう酒はキリストの体と御血として、信ずる者に永遠の命の糧として与えられるのです。

ヨハネによる福音書では、最後の晩餐での聖体制定の言葉はありませんが、6章で、イエスが直接このことについて説明している箇所があります。「わたしの肉を食べ、わたしの血を飲む者は、永遠の命を得、わたしはその人を終わりの日に復活させる。わたしを食べる者はわたしによって生きる。これは天からのパンである。このパンを食べる者は永遠に生きる」と言われます。この6章は少し難解ですが、ヨハネによる福音書での「最後の晩餐」は13章で、イエスが十二人の弟子たちの足を洗う場面が、ドラマチックに感動深く描かれています。それこそが、聖体の意味であると言えるでしょう。

ヨハネは最後の晩餐の記述を、「イエスは、この世から父のもとへ移る御自分の時が来たことを悟り、世にいる弟子たちを愛して、この上なく愛し抜かれた」（13・1）と始めます。晩餐の途中、おもむろにイエスは食事の席から立ち上がって上着を脱ぎ、手ぬぐいを取って腰にまとわれ、それからたらいに水をくんで弟子たちの足を洗い始めるのです。このときリーダー格のペトロは恐縮して、「先生がわたしの足を洗うなんて、申し訳ない、決して洗わないでください」と言ったのですが、イエスは、「もしわたしがあなたを洗わないなら、あなたはわたしと何のかかわりもないことになる」と言われ、ペトロも洗ってもらいます。そして、読者が想像できることですが、イエスを裏切ろうとしているユダの足も当然洗ったであろうということです。

足を洗おうとすると、どうしても相手の前にへりくだらなければなりません。上着を脱いで、つまり自分が何者であるかも捨てて、弟子の足下へ、裏切り者のユダの前にもへりくだって足を洗われたイエスです。

裏切ったユダの出来事は悲惨な暗闇ですが、ただそれは、キリストの愛をさらに完全なもの、忠実なものとするだけでした。計り知れない愛を受けているにもかかわらず、ユダは裏切りました。逆に言えばイエスの愛はさらに輝くのみです。裏切り者の前にへりくだったイエスなのです。この暗黒の裏切りの最中に、イエスは最初に述べました「パンとぶどう酒」の愛の秘跡を制定されたのです。このイエスの示された愛はまさに真実で、神の愛なのです。イエスはパン切れを浸してユダにお与えになった、とも書かれています。パン切れを浸して与えるのは好意ともてなしの印です。それにもかかわらずユダは裏切った。そしてさらにイエスはご自分の自由をユダにお渡しになります。つまり、「今すぐ、しようとしていることをするがよい」と、イエスはユダに言われました。このようにイエスはユダに対して、とがめる仕方ではなく、ますます深まる愛の表現でチャンスをお与えになりました。にもかかわらずユダは闇を選びました。この物語の最後は、「……時は夜であった」と結ばれています。暗黒に消えて行ったユダ、それとコントラストに激しく輝くキリストの愛。暗黒が深いほどにこのイエスの愛は真実でますます輝いたのです。だからこそキリストの聖体は愛と赦しの最高の秘跡なのです。

キリストの体はこのような真実な愛の命、永遠へ向かう命の糧となるのです。また
キリストの血は特に神の赦しをもたらします。
神はあらゆるものを創造されましたが、すべての創造に優って神としてそれ以上のものはないほどの、最高の、人類への創造のたまものはこの聖体と言えるのではないでしょうか。小さな、誰にでも近づくことができる、頂くことができるパンとして主キリストはいつも私たちと共に居てくださいます。この小さなパンが私たちを永遠の命の希望のかなたへと導いてくださっているのです。

牛尾幸生神父さまを偲んで

牛尾幸生神父さまは、二〇一八年六月二十一日に急逝いたしました。牛尾神父さまを偲びながら、神父さまとゆかりの深い方々に執筆していただいたり、インタビューに協力していただきました。

三好　彰（広島学院中学校・高等学校校長）

牛尾先生はおよそ三十年、数学の先生として、生徒や保護者のカトリック要理（カト研）の先生として、そしてイエズス会の司祭として、広島学院のために力を尽くされました。見た目には、気難しそうで近づきがたい先生という印象を持つ人が多いかもしれません。無邪気な中一の生徒たちの間で、授業中に誰が牛尾先生を笑わせるかを競うということがありました。「今日は、二回笑った」とうれしそうに報告してくれる生徒もいました。

牛尾先生は、この五年間はがんと闘いながらも、ずっと授業やカト研の指導を続けておられましたが、五月末、その日の授業を終えた後、「体が苦しくて、これ以上授業をするのは無理だ」とおっしゃいました。体の限界が来るまで、広島学院がイエズス会の学校であり続けるために働かれました。

牛尾先生は、深い信仰と敬虔な祈りから生まれる強さと優しさを持っておられたと思います。だから、見た目の印象とは違って、多くの生徒や保護者、教職員に愛された先生でした。

アント神父（イエズス会）

私の体験に基づいて話をさせていただきますが、牛尾神父さまは口数が少ないタイプです。例えば、こちらから「おはようございます」と言うと、返事はしてくれても一言だけで、本当に重要なことだけを話す方でした。生活面では、必要なものだけを買い、あまり人に迷惑をかけるようなことはされませんでした。

今年入院し、体力が衰え、がんによる痛みや吐き気が出てきても、自分のことは自分でやるようなタイプでしたね。ミサは、三人の神父が月曜日から日曜日まで週二日くらいの当番がありましたが、神父さまは体調が悪い時でも、「私がやります」と言って、とても責任感が強かったですね。

また神父さまは絵などを描いたり、音楽を聴いたり、演奏したりするのが好きで、幅広い趣味を持っていました。神父さまの部屋には、ご自分で描かれた絵や写真、ギターなどが残っています。私が思うに、神父さまは言葉よりも、そういうものでご自分の気持ちを表現されていたように思います。神父さまが亡くなる一週間前に、「家庭の友」七月号が送られてきて、病院に届けましたら、「私はこれ以上（書くのは）無理ですから、これが私の遺言です」とおっしゃっていました。

長町裕司神父（イエズス会）

パウロ牛尾幸生神父の在りし日の面影を思い起こして

イエズス会においても二年先輩で、神戸の六甲学院では、私が中学一年生の一年間に高校三年生で最終学年であったものの、牛尾神父さまとは、当時、東京練馬区の上石神井に構えられていたイエズス会神学院で、最も集中的に接する機会をいただき、また大いにお世話になったことを思い出す。イエズス会の養成期間において、哲学勉学期の内の二年間、神学勉学期の内で私が司祭叙階の恵みをいただいた年の春（一九八九年二月末）までのほぼ三年間、牛尾さんは心おきなくお話ができ、問題が生じた場合に相談ができる仲間でいてくださった。近くの黙想の家で年末に「召命のための黙想会」の準備とお手伝いを一緒にさせていただいた折にも、イエズス会の修道生活を紹介する記事を集めて、毎年の春の司祭叙階式前に発刊する『この路を』という小冊子を編集する際にも、先輩である牛尾さんが芯のある真剣な姿勢と、温かく寛大な導き手となってくださったことが忘れられない。牛尾神父は、イエズス会が経営する中・高等学校の一つ広島学院で、長く生徒の教育と保護者を含めて広く福音宣教に生涯の大半を尽力されることになる。その最初の業務として務められた広島学院清友寮の舎監を私も後に二年間実習で勤務させていただいたが、そこでも牛尾さんが寮生の生徒たちにいかに心を込めて接し、一人ひとりの歩みを見守っておられたかを追体験することとなった。

時々はぶっきらぼうとも聞こえるような牛尾さんの話し方は、実は親愛で細やかな心遣いが籠もっていたことが後になってしみじみと感じられる。私が神学の勉強に少しは熱を込めているのを見て取られたのか、牛尾さんは「これ、使いなはれ」と言って、新しく公刊されたばかりの新共同訳聖書の一冊を手渡してくださった。実はこの聖書、今の今に至るまで私が日々手に取って朝の祈りを始める聖書である。

◆聖パウロ女子修道会広島修道院の二人のシスターにインタビューいたしました。

シスターMさん　私たちはイエズス会の修道院でのミサに参加していますが、牛尾神父さまは広い学識を持ち、聖書にも詳しい方で、内的生活も深く、私たちは霊的に養われておりました。感動したお話はたくさんありますが、その中でも、「私はあるというのは、あなたのためにあるということで、神様は私たち一人ひとりのためにある。あなたのために何にでもなるということだ」という意味のことをおっしゃいました。お会いした感じでは、物事をきちんとなさる方で、無駄な話は一切なさらないし、言葉も少なく、一見厳しいように見えますが、皆が神父さまに近づきたいと感じる、そんな魅力的な神父さまでした。声がとてもきれいで、ミサで神父さまの歌う声を聞くのが楽しみでした。晩年にはミサ中、歌われることが少なくなり、皆が、「さびしい、さびしい」と言っておりました。

シスターTさん　聖書のみことばについて質問すると、私には分からないような原本まで引き出して、熱心に分かりやすく答えてくださるので、何度も助かりました。いちばん心に残っているのは「家庭の友」七月号で、「わたしはある。わたしはあるという者だという神の名」という箇所を、ミサ中の説教でたびたびおっしゃっていたので、それは忘れられません。「家庭の友」が送られてきたら、修道院に置いて、来られた方に差し上げていたのですが、入院されてからは、七月号を手元に置き、お見舞いに来られた方に差し上げておられました。きっとお別れのつもりだったのでしょうね。神父さまに、「ミサは無理でしょう？」と言っても、苦しそうなお声でしたが、「ミサだけは自分で……」とおっしゃって、熱心にミサをささげておられました。入院するその日は、「申し訳ないけれど、ぼく、今日はダメだ」とおっしゃって……。無駄なことは一切おっしゃらないけれど、心に残る言葉を残してくださいました。学校（広島学院）の保護者もたくさん（葬儀に）集まっていました。生徒たちといつも、ここでギターを弾いて歌っていたりしました。「私の家族は、学校の生徒たちだ」といつもおっしゃっていました。子どもたちには満面の笑みでしたが、私たちにはそんなにやさしいニコニコした顔は見せてくれなかったのですが……。それも有名でした。（笑）

あとがき

私が牛尾神父に洗礼を授けていただいたのは、広島学院に在学中のことである。今思えば思春期らしい自分探しの一環でキリスト教に関心をもっただけだった私は、あの頃、牛尾神父から熱心に指導していただけなかったなら、入信には至らなかったと思う。もっとも、私にとって当時の彼は、「神父さま」というより(生徒から「ウッシー」という愛称で呼ばれつつも畏怖される)厳格な数学教師だったし、卒業して二十年たってからでも、結局、私たちの関係は、やはり先生と生徒だった。

牛尾神父は、「生徒」の立場からは、何かを伝えることに情熱を傾け、伝わることに喜びを見いだす人だったように思える。里帰りついでにご挨拶にうかがうと、よく、うれしそうに授業の話をされていた。テストまでに何々を教えるつもりだとか、課題を出したら何々をやってのけた生徒がいてとか。しかし、牛尾神父がもっともうれしそうに話されていたのは、当然、広島学院での司牧活動のことだった。生徒や保護者のためのカトリックの勉強会でどんな人々にどんな話をして、どんな催しをしたか。そして、彼から洗礼を授かった人の話、洗礼の準備を進めている人の話も。その際、私自身もまた、一人の生徒・信徒として、巡礼のことや聖書のことを学び、読むべき本を教えていただいた。

「まえがき」にあるとおり、本書は『家庭の友』の記事をまとめたものだが、牛尾神父は、病状が重くなってからは連載を無事終えられるのか、とても気にされていた。連載期間については予定どおりにいかなかったが、こうして牛尾神父の言葉がまとめられ、多くの人の元に届けられることになったことを神様に感謝したい。

本書の39ページでイエズス会とは「イエスの仲間」という意味だと述べられているが、キリスト教の世界について語られるときの牛尾神父は、ほんとうに仲間内の話をされているような親しみのこもった様子だった。ある質問をした際に、聖書の中の人物や彼らの交わした言葉を、まるで私がちょっと疎遠になっている親戚について尋ねたかのように教えてくださったことが、印象に残っている。本書は、生徒の多くが知らなかった「牛尾先生」のそうした側面も伝えてくれることだろう。

広島学院三十七期　細川裕史

著者　牛尾　幸生（うしお　ゆきお）イエズス会司祭

1951 年　兵庫県西宮市生まれ。
1977 年　イエズス会入会。
1987 年　司祭叙階。
1988 年より泰星学園、1992 年より広島学院で教鞭をとる。
2001 ～ 07 年　イエズス会古江修道院院長。
2006 ～ 13 年　広島学院理事長。
2012 ～ 13 年　イエズス会広島共同体院長を歴任。
2018 年　帰天。

著　書
『祈る喜び—八日間の黙想の友』（女子パウロ会 1996 年）

希望《きぼう》のかなたへ
イエス・キリストに出会《であ》うために

著者――牛尾　幸生

発行所――サン パウロ

〒160−0011 東京都新宿区若葉 1−16−12
宣教推進部（版元） Tel. (03) 3359−0451 Fax. (03) 3351−9534
宣教企画編集部 Tel. (03) 3357−6498 Fax. (03) 3357−6408

印刷所――日本ハイコム㈱

2019 年 12 月 25 日 初版発行

ISBN978−4−8056−2100−4 C0016（日キ販）